JN088986

世界のお金持ち

が実践する

お金の増やし方

高橋ダン

執筆協力 向山勇

かんき出版

お金に賢く、強くなることで
あなたの人生は豊かになる

Learn how to become wise and strong with money, and Life may improve

はじめに

■ お金持ちになるには何が必要?

お金持ちはどうやってお金を増やしているの?

手間のかからないお金の増やし方はある?

安全にコツコツお金を増やすには何に投資すべき?

リスクは高くていいから短期間で稼ぐ方法はある?

こうした疑問を持つ方は多いと思います。

　実際に投資や節約をしたり、資格の勉強をしたりして少しでもお金持ちに近づこうと努力したものの、「望んでいた結果が出なかった」「失敗して資産を減らしてしまった」「長続きしなかった」という経験をお持ちの方もいるかもしれません。

　たくさんの人が「お金持ちになりたい」と思っている。しかし実際にお金持ちになれる人はごくわずか。

　残念ながら、これが現実だと思います。

　では、「自分には無理だ」と諦めるべきなのでしょうか?

　私は断じてそうは思いません。

　なぜなら、「知識」と「情熱(パッション)」があればお金持ちになれるチャンスはあるからです。

　そして、そこに「時間」が加われば、その可能性はより強固なものになります。

お金持ちになるために必要な3要素①

とはいえ、「絶対にお金持ちになりたい！」という強い意志がない人もいると思います。

そんな人は「情熱」が弱くても「知識」と「時間」があれば、ある程度のお金持ちになれる可能性はあります（ただし情熱がある人には劣るかもしれません）。

お金持ちになるために必要な3要素②

お伝えしたいのは「お金持ちになるための方程式がある」ということ。

ここでいう「お金持ち」とは「資産1億円以上」を意味します。

本書は、あなたが資産1億円以上を実現するため、世界のお金持ちが実践したり、意識していたりするお金の増やし方を紹介します。

■ 本書を出版した理由

自己紹介が遅れました。私の名前は高橋ダン。東京生まれ、日本国籍、現在35歳です。10歳までの多くを日本で過ごしました。その後アメリカに移り、12歳で投資をスタート。コーネル大学の学生時代には、ニューヨークのウォール街でインターンとして働きました。21歳のときに Magna Cum Laude（優秀な成績を収めた卒業生に与えられる称号）で卒業後、ウォール街でフルタイム勤務を始め、投資銀行業務・取引に従事しました。

26歳でメンターとともにヘッジファンドを設立し、30歳で自身の株を売却。その後シンガポールに移住。これまで世界約60カ国を旅し、2019年秋に日本に戻ってきました。

そして2020年1月に YouTube での動画配信を本格始動。メインテーマは「世界ニュース」「経済」「投資」「お金」で、毎日動画を投稿しています。有難いことにたくさんのコメントをいただき、チャンネル登録者数も約6カ月で20万人を超えました。日本の文化や食べ物（特に納豆！）が大好きです。

私が日本に戻ってきたとき、日本人の知人・友人はごくわずかでした。しかし YouTube や SNS を通じて情報発信をしていくなかで、その数は徐々に増えていき、同時にお金に対する不安・悩みを多く耳にすることになりました。

日本では30年間経済がほとんど成長していません。これは世界的に見ても異例な出来事です。終身雇用・年功序列は過去のものとなり、給料も増えないなかで消費税は高くなる一方です。その結果、「自分の力で少しでもお金を増やさなくては」という意識を持つ人が増えているように感じます。

私は「自分に何かできないか？」と考えたとき、YouTube を見ていない人にもお金についての知識を届けたいと思いました。それが本書を出版することになったきっかけです。

■この本を読み進める前に

　この本では、以下の8つの章に分けてお金持ちになるために知っておくべきことを紹介します。

- マインド
- 投資の基本
- ポートフォリオ
- 短期投資
- コモディティ（貴金属、ビットコイン、原油）
- 不動産
- 経済
- 習慣

　お金を増やすための知識がまったくない人から投資経験者まで、そして心構えから具体的な投資アドバイスまで、全89のテーマで幅広い知識・ノウハウをお伝えします。

　各テーマは基本的に2ページで構成されています。忙しくて本を読む時間が取れないという人は、1日1テーマでいいので、ぜひこの本を読み続けてください。

　そしてもう1つ重要なこと。
　この本に書かれていることを1つでもいいので行動に移してください。
　本を読んだだけでは、お金持ちになることはできません。たとえ小さな一歩でも、行動を起こせば次の道が見えてきます。

では、スタートしましょう！

「世界のお金持ちが実践するお金の増やし方」を理解することの効能

お金に対する漠然とした不安・悩みがなくなる

どういった思考でお金と向き合うべきかがわかる

失敗に対して過度な恐怖を抱かなくなる

投資を「前向きなもの」「ハードルが低いもの」として考えられるようになる

資産をどのように分配すればいいのかがわかる

具体的な投資商品とその特徴を知ることができる

政治、経済のニュースを見るとき、さまざまなことを関連付けて考えられるようになる

メディアの情報を客観的に、冷静に判断できるようになる

英語の情報をチェックする習慣が身につく

この本のトリセツ

インプットで終わらせることなく、どんどん行動に移してください。その際、自分がどんな思いでどんな行動をしたのか記録することをおすすめします

重要だと思った箇所には線を引いたり、書き込みをしたりするなど、この本を自分だけの一冊にアップデートしてください

一度だけで終わらせず、ぜひ何度も読み返してください

本書で紹介している指標、チャートを定期的にチェックし、「なぜこの状態なのか」「これからどう動くか」など自分なりに予測を立ててみましょう

学んだことは家族や友人に話したり、SNSなどでシェアしたりして他人の意見も聞き、自分が思ったこと・感じたことを客観的に判断しましょう

はじめに ……4

Chapter 1 マインド

01 お金持ちの特徴 1
お金持ちの素質は"パッション"にあり ……20

02 お金持ちの特徴 2
「時間の効率的な配分」を常に考える ……22

03 お金持ちの特徴 3
お金を単なる「数字」「道具」だと考える ……24

04 億万長者になる方法 1
「資産1億円以上」と「投資」は連動している ……26

05 億万長者になる方法 2
第一歩は「どの分野でお金をつくるか」を決める ……28

06 億万長者になる方法 3
新しいことは、小さく試してみる ……32

07 ライオン戦略 1
不要なときは動かず、エネルギーを溜める ……34

08 ライオン戦略 2
自分のことを信じ、叩かれてもあきらめない ……36

09 成功法則 1
自分の周りの枠を広げる ……38

10 成功法則 2
日本人は苦手!「失敗の仕方」を学ぶ ……40

11 成功法則 3
日本人に効果的な「逆戦略」 ……42

12 お金持ちのマインドセット 1
自分と取引する ……44

13　お金持ちのマインドセット2
自信を持てない人が実行すべき3つのこと……46

14　仕事の考え方
転職を決断すべき時期を見極める……50

日本のここがおかしい!❶
日本人の英語能力はマレーシアより下位!?……52

Chapter

2

¥

投資の基本

15　投資の基本
投資とは「お金を預けて、増やすこと」……54

16　投資で利益を出す5つのルール1
情報をたくさん集め、自分の"心"で判断する……56

17　投資で利益を出す5つのルール2
投資先は多様化させる……58

18　投資で利益を出す5つのルール3
投資した理由を記録する……59

19　投資で利益を出す5つのルール4
売買は"少しずつ"行う……60

20　投資の目標設定
利益の目標は立てない……61

21　積立投資1
収入を3つに分けて投資資金を確保……62

22　積立投資2
危機に強いポートフォリオをつくる……64

23　短期投資
投資資金の1~3割は短期でハイリターンを狙う……66

24 投資の知識
「株価の決まり方」を知る……68

日本のここがおかしい！❷
日本の生活水準は世界29位!? …… 70

Chapter

3 ポートフォリオ

25 おすすめETF 1
上場していてコストが安いETFがおすすめ……72

26 おすすめETF 2
株式は国と通貨を多様化して保有する……74

27 おすすめETF 3
社債はハイイールド債券ETFを活用……76

28 おすすめETF 4
国債は3つのETFで期間を多様化……77

29 おすすめETF 5
貴金属、原油、天然ガス、農業商品のおすすめETF……78

30 高配当株のワナ 1
「高配当株」の謳い文句に騙されてはいけない……80

31 高配当株のワナ 2
リターンが上がる「ローテーション」とは……82

32 高配当株のワナ 3
投資の善し悪しがわかる「シャープレシオ」……84

33 高配当株のワナ 4
「標準偏差の低さ」が優秀な投資家の証……86

日本のここがおかしい！❸
給料は上がらないのに税金だけ増えている……88

Chapter

4 ¥ **短期投資**

34 チャートの基礎知識1
相場の波に乗れる! チャートのツボ …… 90

35 チャートの基礎知識2
ウォーレン・バフェットの逆を実行した短期戦略 …… 92

36 チャートの基礎知識3
出来高をチェックすれば売買戦略が見えてくる …… 94

37 チャートの基礎知識4
投資のマスターにはチャートが欠かせない …… 96

38 チャートの使い方1
「MACD」で上昇・下降の転換点を見極める …… 98

39 チャートの使い方2
「ストキャスティクス」で相場の方向を知る …… 102

40 チャートの使い方3
「ボリンジャーバンド」はバンドの突破を参考にする …… 104

41 チャートの使い方4
「過大評価」か「過小評価」かを判定する「RSI」 …… 106

 コモディティ
（貴金属、ビットコイン、原油）

42 金（ゴールド）1
金はこれから30年で最も有望な資産 …… 108

43 金（ゴールド）2
インフレになったとき金は保険になる …… 110

44 金（ゴールド）3
金の価格が動く理由を知る …… 112

45 金（ゴールド）4
金の価格が2〜3倍になってもおかしくない理由 …… 114

46 金（ゴールド）5
金の現物が難しければETFに投資する …… 116

47 プラチナ1
金だけでなく「プラチナ」も資産に加える …… 118

48 プラチナ2
プロは「金とプラチナの価格の比率」を見ている …… 120

49 銀（シルバー）1
銀の需要と供給を知る …… 122

50 銀（シルバー）2
銀の価格が2倍になる理由 …… 124

51 ビットコイン
ビットコインのトレンドを読み解く …… 126

52 原油1
オイル投資のチャンスを見極める …… 128

53 原油2
オイルの価格と米ドルの関係を知る …… 130

 日本のここがおかしい！❹
10〜19歳の死亡原因のトップが自殺 …… 132

54 不動産投資の魅力
不動産は頻繁に価格を見る必要がない …… 134

55 不動産投資の基本1
不動産は安全でリターンが高い投資!? …… 136

56 不動産投資の基本2
おすすめは「戸建て」投資 …… 138

57 データで見る不動産投資1
株式市場が底打ちした2年後に不動産市場が動く!? …… 140

58 データで見る不動産投資2
不動産投資で欠かせない3つの経済指標 …… 142

59 データで見る不動産投資3
コロナショック後に不動産投資のチャンスがくる!? …… 144

60 データで見る不動産投資4
日本の不動産がチャンスである理由 …… 146

61 お金持ちが考えるマイホーム
マイホーム購入は「投資」と考える …… 148

62 政府の発表を疑え!
日銀によるJ-REITの買入限度額の意味を知る …… 150

63 J-REITをおすすめしない理由1
最初に全体像を見てから個別にチェックする …… 152

64 J-REITをおすすめしない理由2
日銀や証券会社の宣伝に騙されてはいけない …… 154

日本のここがおかしい! ⑤
「交渉下手だとお金持ちにはなれない!?」 …… 156

Chapter 7 ¥ 経済

65 世界経済を読み解く1
世界経済を知ること＝お金を知ること …… 158

66 世界経済を読み解く2
「利下げ」と「株価」の関係を知る …… 160

67 世界経済を読み解く3
金融緩和は貧富の差を拡大させる …… 162

68 経済指標の読み方1
コロナショックは大恐慌につなが"らない" …… 164

69 経済指標の読み方2
大恐慌はどんな指標で判定すべきか …… 166

70 経済指標の読み方3
「景気後退」の兆候を見抜く方法 …… 168

71 経済指標の読み方4
中国で重要な経済指標「PMI」 …… 170

72 経済指標の読み方5
GDPを鵜呑みにしてはいけない!? …… 172

73 世界経済の見方1
日本経済の現状を知る2つのデータ …… 174

74 世界経済の見方2
デフォルトを正しく分析する …… 176

75 世界経済の見方3
ニュースより金融市場のデータを先に確認する …… 178

76 世界経済の見方4
政府債務のGDP比率をチェックする …… 182

77 世界経済の見方5
デフォルトを保障する「CDS」の動きを見る …… 185

Chapter

8 習慣

78 英語での情報収集術 1
英語ニュースを読んで情報リテラシーを高める ······ 190

79 英語での情報収集術 2
英語を学ぶとお金持ちになれる!? ······ 192

80 英語での情報収集術 3
英語力を高める「グーグル翻訳ツールの裏技」 ······ 194

81 英語での情報収集術 4
翻訳ツールの使い方 ······ 196

82 英語での情報収集術 5
知っておきたい金融関連の英単語 ······ 198

83 時間術 1
日頃話さない人と話をする ······ 200

84 時間術 2
世界の成功者が週末にしていること ······ 202

85 ストレス克服法
ストレスを上げないために避けるべき3つの行動 ······ 204

86 最もシンプルな節約法 1
最大の支出「住居費」を節約すれば一挙両得 ······ 206

87 最もシンプルな節約法 2
オンラインショッピングの意外な効果 ······ 208

88 最もシンプルな節約法 3
アメリカ人が必要な老後資金は7400万円!? ······ 210

89 最もシンプルな節約法 4
最大の無駄遣いは投資をしないこと!! ······ 212

おわりに ······ 214

巻末付録　お金持ちになるための「投資ロードマップ」 ······ 216

装幀　西垂水 敦・市川さつき(krran)
本文デザイン・図版　荒井雅美(トモエキコウ)
DTP　野中 賢(株式会社システムタンク)
撮影　難波雄史

※本書の内容は 2020 年 6 月 30 日時点の法令と情報に基づいています（別途、日付を書いている箇所もあります）。
※個別の金融商品への投資等においては、情報をよく確認してご自身の判断で行ってください。
※本書を利用したことによるいかなる損害等についても、著者及び出版社はその責任を負いかねますので、ご了承ください。
※本書では海外のデータを多数参照しています。一部の図版ではグラフの合計が 100 にならないなどの状態ではありますが、参照元の情報を優先して使用しています。

Chapter

1

マインド

「心が変われば行動が変わる。 行動が変われば
習慣が変わる。 習慣が変われば人格が変わる。
人格が変われば運命が変わる」というウィリアム・
ジェイムズ（心理学者、 哲学者）の有名な格言
があります。 これはお金持ちを目指すうえでも同
じこと。 まずは「心=マインド」を変えることが
第一歩です。

お金持ちの素質は "パッション"にあり

"Passion" is what makes people wealthy

　私が世界約60カ国を回って気づいたのは、「お金持ちとそうでない人には大きな違いがある」ということです。

　そもそもお金持ちには、相続で財産を手にした「オールドマネー（オールドリッチ）」と、自分で資産を築いた「ニューマネー（ニューリッチ）」がいます。再現性という意味ではオールドマネーの人たちから学べることは少ないと私は考えているため、ここではニューマネーの人たちに絞って、その特徴を紹介します。

お金持ちの種類

お金持ち 資産1億円(100万ドル)以上

オールドマネー（オールドリッチ）
先祖からの財産を相続して
お金持ちになった人たち

ニューマネー（ニューリッチ）
自分でビジネスを興したり、
資産運用をしてお金持ちになった人

　ニューマネーの人の１つめの特徴は、非常に強いパッションを持っていること。パッションとは自分の夢や目標を叶えたいと思う情熱のことで「生きがい」ともいえるものです。それを追求しているうちにお金が流れ込んできて、お金持ちになった人が多いといえます。

　マイクロソフトの創業者ビル・ゲイツ、アマゾンの創業者ジェフ・ベゾスなどイノベーションを起こした起業家の本を読んだりドキュメンタリーを見たりしましたが、彼らも同じです。

　パッションが強い人は、朝起きてから夜寝るまで、ずっと自分の目標や夢について考えています。

だからこそ彼らが商品やサービスをつくったとき、その質は高くなる確率が高いのです。

　それに加えて「運」もあると思います。

　お金持ちについて、世界的投資家のウォーレン・バフェットがこんなことを言っていました。「何千人かを一つの部屋に集めて、コイントスをして表か裏を当てさせた場合、10回中10回当てる人も出てくる。その人は天才なのか偶然なのか？　おそらく偶然だろう」と。

　つまり、お金持ちになる場合も、自分ではコントロールできない運が関係しているということです。

　ニューマネーの人の2つめの特徴は、「個人支出が少ないこと」です。

　私が知っている人でゼロからお金持ちになった人の多くは、お金を使うことにそれほど興味を持っていません。高級車に乗ったり高い時計を身につけたりしていないのです。自分が持っているアイデアにフォーカスしているので、お金を使うことに興味がないのでしょう。

　お金持ちがよく使う言葉に「rich on paper」があります。つまり、紙＝「株式や債券」としての資産は持っているが、現金はあまり持っていないということです。

　ただ、株式や債券は発行元が破綻すれば紙切れになってしまいます。そのような事態で資産を失っても破綻せずに済むように、生活水準を常に低くして、個人支出を抑えているのです。

 summary **強いパッションに従って努力していれば
自然とお金は付いてくる。**

02

「時間の効率的な配分」を 常に考える

Efficient use of time

　ニューマネーの人の特徴の3つめは「時間を効率的に使っている」こと。たとえば、カレンダーやアシスタントツールを使って時間を配分し、優先順位をつけて整理しています。

　時間を効率的に使う第一歩は「住んでいる場所の見直し」です。自宅で仕事ができる環境を整えたり、職場の近くに住んだりすれば無駄な通勤時間がなくなります（詳しくは206ページ）。

　また、通勤時間と関連して「毎日の無駄な時間をいかに減らすか」も重要です。

　たとえば1日出かける日があったら、その日にミーティングを集中させ、一つのミーティングを短時間で済ませるようにしています。やらなければいけないことがたくさんあるので、30分ミーティングをしたら、次の場所に移動して別のミーティングに参加するなど、ルールを決めてそれを守るわけです。

時間を効率的に使うコツ

ツールを使う	集中	時間を区切る
アシスタントツールなどを使って時間を可視化し、配分する	ミーティングなどは同じ日に集中させ、効率的に行う	ミーティング時間を事前に決めて、時間になったら次へ移動

また、ニューマネーの人には健康に気をつかっている人も多いのが特徴です。

　ニューヨークをはじめとしてシリコンバレーのあるカリフォルニア、オーストラリア、インドネシア、シンガポールなど、私が訪れた都市の成功者の多くが野菜や果物に集中したダイエットを実践したり、ジムに通ったりして健康に気をつかっています。

　なぜなら、自分が病気になれば、仕事でどれほどのダメージがあるかをわかっているからです。

　また、病気になることは仕事やお金だけでなく「時間」にも大きな影響があります。

　健康でベストパフォーマンスを出せる時間が長くなれば、無駄に働く時間が減り、家族や友人と過ごす時間を増やせるようになります。

　逆に、健康は一度悪化すると、取り戻すのに時間がかかります。メンタルにも負担がかかり、パフォーマンスが悪くなると回復はより遅くなります。これでは負の連鎖です。

　つまり、世界のお金持ちが健康を維持するために時間を割くのは、非常に合理的な判断に基づいている、といえるのです。

summary 病気になれば自分の時間を失うことになる。
だから健康にも気を配る。

03

お金を単なる
「数字」「道具」だと考える

Think of money as a number or a tool

　私は昔、"お金は評価だ"と思っていました。私よりも友だちのほうがお金を持っていれば、それは私より友だちが頑張った結果であり、高く評価された証拠だと思っていたのです。だから「友だちに勝ちたい」「もっとお金持ちになりたい」と思っていました。

　この考え方は、個人的な事情が関係していると思います。日本からアメリカに移って私が育った環境は競争が激しいところでした。両親がそこでのチャンスを与えてくれたので、とにかく頑張っていたのです。

　そこでは私自身、お金が評価の基準だと感じていたため、20代まではそういう考え方を持っていました。

　大学を卒業してからも、競争が激しいウォール街で働いて同僚に勝つことばかり考えていました。英語に「I feel alive」という言葉があります。意味は「生きているって感じ」。毎日、戦うことで生きている実感を得ていたのです。

　当時はバブルの環境の真っ只中にいました。「お金が評価だ」と考えている人が大勢いて、私自身、「お金は必要ないけれど、"友だちに勝った"という評価を得るためにお金持ちになりたい」と思っていました。

　しかし30代になってから世界中を旅するようになり、訪れた国の歴史を学んでみて、"もしかして自分は間違っていたかもしれない"と考えるようになりました 。

　世界中を旅するようになったのは、自分に何かが足りないと感じていたからです。そう、生きがいを見つけたかったのです。そのためにニューヨークという慣れた環境から離れなければなりま

せんでした。まったく別のところに行く必要があったのです。

　そして世界各国を回ってみて、「お金は数字」であり、「心配事を減らすための道具に過ぎない」と考えるようになりました。

　日本にはビリオネア（個人資産10億ドル〈約1000億円〉以上の人）はあまりいませんが、私が実際に会ったビリオネアは、お金のことをそれほど重要視していません。お金を「使うもの」ではなく「単なる数字」だと考えています。周りのためにお金を使って尊敬されることもありますが、自分が贅沢するためには使いません。

　お金をたくさん稼いで、ゴージャスな暮らしをしたいと考える人は、お金持ちになれないと思います。「お金を増やす」ではなく「数字を増やす」と考えたほうがいいでしょう。

お金を増やすことを意識しない

お金持ちになれない人の思考　　　　　お金持ちの思考

お金を使うこと　　　　　　　　　　　お金は単なる数字
ばかり考えている　　　　　　　　　　自分のゴールを考える

summary お金を使うことに執着せず、
お金という「数字」を増やすことを考える。

04

「資産1億円以上」と
「投資」は連動している
Investing is correlated with becoming a Millionaire

　億万長者になりたい人は多いと思いますが、「この３つだけ実践すればなれる！」といった簡単なステップはありません。もしそんなことをいう人がいたら信じてはいけません。

　私はデータが好きなので、みなさんにデータを紹介しましょう。日本ではあまり見かけない国際的なデータです。

　それをどう解釈するかはみなさんにお任せします。最終的な判断は一人ひとりがすべきだと考えるからです。

　さて、億万長者になるには、世界のお金持ちの状況を知る必要があります。

　まずお金持ちの定義についてです。私が世界を回ってきた経験上、「金融資産１億円以上」の人はお金持ちだと考えていいと思います。ドル建てにすれば約100万ドルです。

　世界のお金持ちのデータを見ると、多くの人が資産１億〜５億円の範囲です。90％以上の人がこの範囲に入っています。５億円以上を持っている人は、世界にもあまりいないのです。

　そのお金持ちはどんな資産を保有しているのでしょうか。

　たとえば、資産約１億〜３億円の人の資産の58％、つまり半分以上は投資資産です。続いて自宅用不動産が18％です。

　では、投資資産の中身はどうなっているでしょうか。

　最も大きいのが株式です。続いて、債券、現金、オルタナティブ資産（不動産、コモディティ、未上場株など）となっています。

　ここで大事なのは、「世界のお金持ちの多くの資産を占めるのは株式」ということ。つまり統計的に考えれば、株式投資をするのがお金持ちへの近道となります。

私が統計を好きな理由は「数字は嘘をつかない」からです。数字は、客観的な判断をする指標になります。

　人間は時々、嘘をつくこともあります。私も自分に嘘をついたことがあります。だからこそ、数字で客観的に判断しなければなりません。

　みなさんが億万長者になりたければ、世界のお金持ちのデータを見る。そして、お金持ちが実践している方法を参考にする。つまり、「ポートフォリオを見る」「その事実を知る」。これが第一歩となります。

世界のお金持ちの資産構成

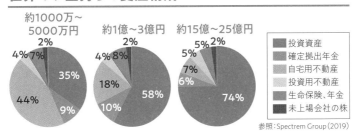

参照：Spectrem Group（2019）

アメリカ人富裕層の平均的な資産配分

参照：U.S.Trust 2018 Insights on Wealth & Worth

summary

億万長者になるための最短ルートは
世界のお金持ちの真似をすること。

05

第一歩は「どの分野で
お金をつくるか」を決める

Decide which topic/area you want to make money in

　続いて、お金持ちとそうでない人の資産構成の違いを見てみましょう。

　下の図は資産が10K（1万ドル＝約100万円）から1B（10億ドル＝約1000億円）までの人の資産構成です。

　金融資産が少なくなるほど、自宅や車の占める割合が多くなっていることがわかります。10K（約100万円）の人だと、資産のほとんどが「自宅」と「車」です。

　逆に資産が多くなるほど、投資の部分が大きくなります。これが世界のお金持ちの現実です。

　ここで私が言いたいのはデータを客観的に見てほしいということ。つまり、大半のお金持ちが投資をしているという事実です。

保有資産の規模ごとの内訳

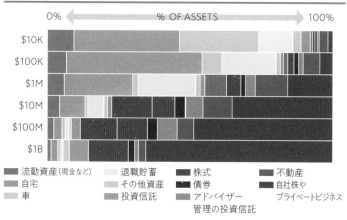

参照：VISUAL CAPITALIST

28

みなさんの中には、新しいビジネスを始めて億万長者になろうと考えている人も多いと思います。

　新しい商品・サービスを考えたり、新技術を開発して、ビジネスをつくり上げていくストーリーはとても魅力的です。それで成功した人はメディアに取り上げられるので、とてもエキサイティングです。

　しかし、実際のデータを見てください。繰り返しになりますが、世界のお金持ちの大半は、資産のほとんどを投資で築いているのです。

　ただもう一つ、注目してほしい部分があります。
　それは、資産10M（1000万ドル＝約10億円）を超えると、自社株やプライベートビジネス（未上場株式）が占める割合が大きくなるということです。

　前項で紹介したように、資産が５M（500万ドル＝約５億円）を超える人の数は世界でも少数ですから、人数にすれば多くはありません。そして資産が１Bの人の場合は、資産の６割以上が自社株やプライベートビジネスになっているのです。

　ちなみに前にも書いたように、新しいビジネスを生み出す「ニューマネー」のお金持ちたちは強いパッションを持っているので、いつもビジネスのことを考えています。趣味はほとんどなく、仕事が趣味といってもいいかもしれません。

　休日も常にスマホをチェックしたりしていますが、本人は仕事と考えているのではなく、とても楽しんでいるのです。

何にパッションを感じるかは人によって違うので一概には言えません。ただ私の経験からすると、子ども時代の経験が影響していると思います。

10歳くらいまでに経験したことが自分の基盤として残っていて、そのつながりで何かが生まれてきます。それは自分が見た映画の影響かもしれませんし、家族の仕事の影響かもしれません。

自分のパッションは子どものころに関係している

訪れた場所 　　　　　　体験

食べ物 　　　　　　親の教え

■お金になる確率が最も高い方法は「投資」

資産が1M（約1億円）以上の人に話を戻すと、多くの人が株式、債券、不動産で資産を持っていることがわかります。

もう一つ、データを紹介しましょう。

資産が1B（約1000億円）を超えるビリオネアは事業収入が資産の多くを占めますが、そのビジネスでは何が多いか。

それは金融です。

億万長者を目指すなら、まずはどの分野でお金を増やすかを決めなければなりません。

　そして客観的に世界の統計を見ると「金融、投資」の分野で資産を築いているお金持ちが多い。これが事実です。

　つまり、金融・投資の知識を身につけることが、お金持ちになる確率を一番高めるということです。

世界のビリオネアの事業収入

	ビリオネアの割合	ビリオネアの数	ビリオネアの資産（1=10億ドル）	平均の資産（1=10億ドル）
金融	20.7%	538人	1,704	3.2
財閥	13.1%	341人	1,168	3.4
不動産	7.6%	197人	547	2.8
食品・飲料	5.8%	152人	496	3.3
製造	5.8%	151人	389	2.6

※ビリオネアは「個人資産10億通貨単位以上の人」という定義もありますが、本書では「ビリオネア＝個人資産10億ドル（約1000億円）以上の人」という意味で使用しています。

参照：Wealth-X

summary

お金持ちになりたければ、投資と金融の知識を身につける。

06

新しいことは、
小さく試してみる

Try new things one step at a time

「新しいことを始めるなら、100％の力でやりきらないと満足しない」という人は多いと思います。でも世界のお金持ちは、お金を増やすという観点では真逆の戦略を取ります。

「10 〜 20％くらいの力で始め、軌道修正をしながら徐々に力を入れていく」のです。

これはお金を増やすうえで大切な考え方です。

私自身、投資はもちろん人生において新しいことを始めるときには「小さく試す」ことを心がけています。

いまではおかげさまで多くの人に YouTube を見ていただけるようになりましたが、最初はこのようなかたちで発信しようとは、まったく思っていませんでした。それどころか SNS 自体、「なんか怪しそう」と思っていたほどです。

最初にアカウントをつくったのは2019年の11月末。最初はほとんど動かしていませんでした。でも、正月に「2020年の目標は何か？」と両親に聞かれたとき、とっさに私は「情報発信を少ししてみようと思っている」と答えました。

最初は半信半疑で始めた YouTube。しかし、続けていくうちに多くの日本人と知り合うことができました。

そして、日本のことをもっと理解できるようになりました。私は日本人とアメリカ人のハーフですが、ずっとアメリカに住んでいましたので、日本に戻ってきて日本語をある程度話せたとしても、社会の仕組みなどはあまりわかっていませんでした。

でも、YouTube を使って多くの人とつながってコメントなどをいただき、それを読んだりしていると、効率的に、多角的に日本のことを理解できると感じました。

最初はネットワークミーティングなども考えましたが、一度に関われる人数は20〜30人程度が基本です。それと比較してYouTube は一度に数万人の人と関わることが可能です。これがYouTube の魅力の一つだと思います。

私は何でも自分で試してから判断するタイプです。そして、これは世界のお金持ちの多くにも共通していると感じます。

投資でもそうですが、すべてを調べて勉強してから始めるのではなく、少しだけポジションを入れて様子を見る。そのほうが効率的に理解できますし、「自分に合っていない」と思ったときにもすぐに手を引けます。

早く結果を出したいなら、「座学」よりも「少しずつ実践」。これがポイントです。

早く結果を出す方法

多くの 日本人	まずは、本を読んで勉強する	途中で挫折して、なかなか始められない	
世界の お金持ち	少しだけ試しながら経験を積む	途中で挫折することなく、早く結果が出せる	

summary　**勉強してから始めるのではなく、
まずは少しずつ試すことが重要。**

07 不要なときは動かず、エネルギーを溜める

Conserve and use your energy efficiently

ライオンを観察していると、ほとんど寝ています。人生をのんびり過ごしているようです。お腹が減ったら狩りをしますし、ときどき喧嘩もしますが、それ以外はほとんど動きません。

しかし、ライオンが狩りをするときの方法は、投資に限らず、お金を稼ぐときの参考になります。

ライオンは動物なので、人間のような感情はほとんどありません。動く必要のあるときだけ動く。私はこれを「ライオン戦略」と呼んでいます。

必要がないときにほとんど動かないのは、自分のエネルギーを溜めておくためです。

エネルギーには、フィジカル（身体）のエネルギーもありますが、メンタル（精神）のエネルギーもあります。この２つを溜めることが大切です。

そして特にメンタルエネルギーについては、溜め方のコツを知っておく必要があります。

人間の思考は「繰り返し」が多いです。何か考えごとがあると、それを何回も何回も頭の中で繰り返してしまいます。そして、自分の意思に反して多くの時間を費やします。

特に何かストレスに感じることがあると、１日50回ぐらいは自分の頭の中で繰り返しているかもしれません。仕事の人間関係、恋人や家族のことで「こうすべきだったな……」「なんであんなこと言われたんだろう！」などと何度も思い返してしまう経験、みなさんもあるのではないでしょうか？

この「思考の繰り返し」がなければ、もっと重要な他のことを考えることができます。

では、どうやって「思考の繰り返し」を減らすのか。

1つのことを50回リピートするのではなく、多様化して5つのことを10回ずつリピートする、もしくは、50のことを1回ずつ考えるのです。こうすることで、メンタルエネルギーを効率的に使うことができます。最初は難しいかもしれませんが、慣れると簡単にできるようになるはずです。

思考を多様化させる

一般的な人間の思考

気になることがあると何度も同じことを考えてしまう

ライオン戦略の思考

複数のことを考えて無駄なエネルギーを使わないようにする

戦わなければいけないときに戦う。そうでないときにはメンタルエネルギーを溜めておく。身体を休めているときは、自分が気づいていなくても、エネルギーが溜まっています。

投資には「落ちるナイフはつかむな」という格言があります。「暴落時には手を出さずに待つのが賢明」という意味です。株価が急落すると、浮き足立って「いまはチャンスなのでは」と思って投資してしまう人がいます。しかし特に初心者にとって、暴落時は「戦わなければいけないとき」ではありません。ナイフが落ちて、バウンドして安定するまでエネルギーを溜めておくべきです。それで遅すぎるということはありません。

summary　メンタルエネルギーを使う対象を多様化して、
思考の繰り返しを減らす。

08

自分のことを信じ、
叩かれてもあきらめない

Don't give up and believe in yourself

　お金を増やすには、「生きがいを見つけて、自分を信じてトライする」ことも重要です。

　たとえば、普通に働いていて、その会社を信じているのであれば、「会社が成長するための良いアイデアを出したい」と思うでしょう。このとき、自分を信じていれば他人に何を言われようとも頑張れるはずです。

　これは自営業の人にも、危機的な状態に追い込まれている人にも同じことがいえます。

　自分を信じる。叩かれてもあきらめない。

　精神論ではありますが、実際、世界のお金持ちはタフな精神力を持っている人が多いです。

　映画『ロッキー』は、主人公である無名のボクサー、ロッキーが世界チャンピオンと戦う物語ですが、ロッキーの言葉で印象的なものがあります。

　大事なのはどれだけ強く打つかではなく、どんなに強く打ちのめされても、耐えて前に進み続けることだ。

　私自身、この言葉を人生の中で数え切れないほど自分に言い聞かせてきました。

　では、「叩かれたときに起き上がる」ためには、どうすればいいのでしょうか。

　それは、前項で解説した「ライオン戦略」でエネルギーを溜めておくことです。

戦わなければいけないとき以外は戦わない。

そして考え方を多様化して、さまざまな武器を整えておく。そのうえで自分を信じる。そうすれば、誰に叩かれたときも起き上がることができます。

私はヘッジファンドで働いていたとき、7億円の損失を出した経験があります。大きな損失を出してしまったことで、自分自身を責めるのに加え、上司からも「信頼して資金を預けたのにどういうことだ」「資金を引きあげるぞ」など、厳しい言葉で責められました。

幸い、それ以降の成績が良かったため運用を続けることはできましたが、6カ月ほど不安に襲われ続けていました。上司が常に私の取引を監視して、「なぜここで買ったのか」「なぜいま売ったのか」と質問攻めにしてくるのも大きなストレスでした。

しかし、そもそも大きな損失を出した原因は、私が自分の失敗をすぐに認めることができなかったからです。失敗を認めて原因を分析していれば、短期間で気持ちを切り替えられたはずですが、それができなかったのです。

それ以来、失敗を認めること、できるだけ小さく失敗することを心掛け、大きな損失を出さずに済むようになりました。

summary **自分の失敗を認め、武器に変えておけば、叩かれても負けない。**

09

自分の周りの枠を広げる

Observe your environment with a wide viewpoint

　世界のお金持ちは「多様化して考える」ことをとても大切にしています。

　多くの人は自分の周りと比較します。周りの世界が小さければ、その小さな中で成功して満足してしまいます。

　しかしお金を増やしたいなら、「自分の世界」のサークルをもっと広げる必要があるのです。

　枠を大きくすれば、周りの人からさまざまな刺激を受けます。

　たとえば、会社員であっても自営業であっても、少なからず周囲と競争しているはずです。そのとき、自分の周りの枠が大きいほど、さまざまなアイデアが入ってきます。それを活用すれば、自分の小さな枠の中でも、もっと勝ちやすくなるでしょう。

　そのためには、行動パターンを変えるのが効果的です。毎日、朝起きて、仕事へ行って、ランチを食べて……と、人はつい同じパターンを繰り返しがちです。そのパターンを思い切って変えてみるのです。

　とはいえ、意識して行動パターンを変える必要はありません。考え方を多様化すれば、自分の行動も少しずつ自動的に変わっていくからです。

　たとえば、あなたがエアコンを製造しているメーカーに勤めているとします。これは一つの例に過ぎませんが、新しいエアコンのリモコンをつくるとき、「ボタンはどうするか」「液晶をどのくらいの大きさにするか」といった話をしながら、みんなでベストの製品をつくりあげていきます。

　ただ、周りは同じような考え方を持った人ばかりです。同じような生き方をして、同じようなゴールを持っています。

　ここで考え方を多様化していれば、「海外のエアコンのリモコ

ンはどうなっているか」ということを調べます。インターネット検索すれば簡単にわかるでしょう。海外のアマゾンのサイトも役に立つはずです。

　すると、「日本では黄色のボタンが海外では赤いかもしれない」「ボタンの数が３つしかないかもしれない」といったことがわかります。もし彼らの利益のほうが自社よりも高いとすれば、「何が違うのか」を考えてみるのは有益でしょう。

　このように、思考の枠を広げてアイデアを「自分の世界」に持ってきて活用すれば、ビジネスに大きく役立つはずです。

　本業でも、副業でも、自営業でも、引退している人でも、いまはインターネットの世界なので簡単に思考を多様化できます。これがお金を増やすうえで非常に重要です。

自分の枠を広げる

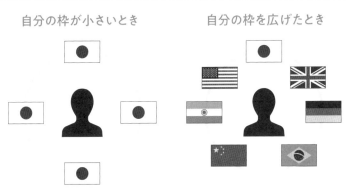

自分の枠が小さいとき　　　　　　自分の枠を広げたとき

似通ったアイデアしか生まれない　さまざまな考え方が入って来て
　　　　　　　　　　　　　　　　新しいアイデアが生まれる

summary　**思考を多様化すれば自分の行動が変わり、**
他の人と差をつけることができる。

日本人は苦手!
「失敗の仕方」を学ぶ
Learn how to make mistakes!

　お金持ちになるために最も大事なことは、失敗の仕方を学ぶことです。

　私は10歳までの多くを日本で過ごしたので、「日本では間違いを犯すと、とても批判される」というカルチャーを肌感覚でわかっています。小さいときから「間違いをしないように」と育てられた人も多いのではないでしょうか。

　日本では、電車は時刻表通り走ることが当たり前ですし、洋服には汚れが付いてないように注意をしますし、料理をするときにはレシピ通りつくる人が多いです。その結果、整理が行き届いていて、とてもすばらしい社会だと思います。

　しかし、どんなことにも利点があれば欠点もあります。世界にはお金持ちになりたいと考える人はたくさんいます。その中でお金持ちになるには、厳しい競争を勝ち抜く必要があります。

　その過程で、ときに極端な行動をとらなければならないこともあるでしょう。当然、失敗もします。だからこそ、失敗を経験して、上手に失敗する術を学ばなくてはならないのです。

　私が20代にウォール街で働いているとき、「お金持ちになりたいか?」とメンターから聞かれました。「当たり前じゃないか」と答えると、彼は「それなら、失敗の仕方をマスターするんだ」と言いました。

　私は「成功の仕方をマスターするんじゃないの?」と聞きました。すると彼はこう答えたのです。

　「違うよダン。なぜ失敗の仕方をマスターするのか。失敗の仕方をマスターすれば、それを回避する方法がわかる。そして失敗を

回避していれば、成功は自ずとやってくるものなんだ」

　損失が出たときに損切りするのは、何度経験しても痛みを伴います。そのため、私自身も損失を出すたびに「私は間違っていない、あいつのせいだ」と人に責任を押し付けたりしていました。

　しかし、早めに損切りをして失敗の経験を積み重ねていくと、早く立ち直れるようになりました。それによって、失敗をポジティブにとらえられるようになり、二度と同じ失敗を繰り返さないような対策を考えることもできました。

　これがメンターの言っていたことなのです。結局、理解するまでにはずいぶん時間がかかりましたが、メンターの教えは私の生き方のベースになっています。

小さな失敗で大きな成功を勝ち取る

**小さな成功を
繰り返し大きく失敗する**

**小さな失敗を繰り返し
大きな成功を得る**

summary **上手に失敗できるようになれば、
大きな成功を得られる。**

11 日本人に効果的な「逆戦略」

Contrarian Strategies for Japanese

　よく「日本は多様性がない」といわれたりします。島国ということもあるでしょうが、これはメリット、デメリットというより文化的な特徴です。

　たとえば数年前にビットコインが大きな話題になりました。そのときには日本にも仮想通貨の会社がたくさんできました。

　これはビットコインだけではなく、あらゆるところに表れています。たとえば東京を歩いていると、同じような店をたくさん見かけます。同じ客層をターゲットにした店ばかりです。

　そんな日本では、「逆戦略」が非常に役に立ちます。

　他の国では一人ひとりが別々の考えを持ち、別々の行動をしているので「逆戦略」は成り立たないのですが、同じ行動をする人が多い日本だからこそ使えるケースがよくあります。

「逆戦略」とは、他の人が"やっていないこと"や"考えていないこと"を実践すること。

　みんなが一つの方向を向いて同じことをやっていたら、その逆を考えてみてください。

　投資であれば「みんなが売っているときに買う」と考えてみるのです。もちろんナイフが落ちるときにつかんではいけないのでリスクもあります。経験とタイミングが必要です。ただ、大きなチャンスを得られる可能性があります。

　人と逆のことをすると、風当たりは強くなります。私の人生でも何度も周囲から指摘されました。

「なぜウォール街を出たのか?」

「なぜ大手の投資銀行を辞めたのか？」

「なぜ、小さなヘッジファンド会社へ行ったのか？」

しかし当時、私と競争していた人たちは、ほとんど同じ方向を向いていました。ですから私は隙間を見つけようとしたのです。

リーマンショックの後はみんな「仕事があるだけで嬉しい」という状態でした。そのため、良い仕事があっても「転職しよう」という人はほぼいませんでした。

そこで私は隙間を見つけて交渉をしたので、良い就職先を見つけることができました。

他の人がやっていないことを見つける。

トレンドが大きいほど、逆のことを実行すると大きなチャンスになります。特に日本人は周囲の人と同じことをする傾向があるので、こうした逆戦略は有効です。

人とは逆の戦略をとる

買い　　　　　　　　　　売り

誰もやっていない隙間を見つければ、
成功は近づく。

12

自分と取引する

Trade your own self

　世界のお金持ちは、「自分と取引すること」が得意です。

　たとえば私の場合、前日に8時間の睡眠がとれなかったとき、翌日の調子は100%ではありません。

　そんな日は、普段よりも服を重ね着して体を冷やさないようにしたり、多めに納豆を食べたり、好きな音楽を聴いたりします。つまり、少しだけスローダウンするのです。

　逆に8時間の睡眠が取れて100%の力が出せるときは、その反対です。積極的に行動し、1日にできるだけ多くのことを解決します。

　これは睡眠に限ったことではありません。

　人生にはいろいろ波があります。誰かと別れたり家族が亡くなったりして「もう何もしたくない」と思うときもあるはずです。

　そういうときは無理をしてはいけません。

　100%の調子でないときには、行動を控えめに、心にゆとりを持たせるのです。そして「調子が良くなったら全力で走るから、今はゆっくりさせてくれ」と自分と取引するのです。

　お金持ちになる道のりは、マラソンのようなもの。最初にとばしすぎると、後半はバテて足が止まってしまいます。

　特に投資の場合、「判断力」と「集中力」が成否を左右します。ベストコンディションでないときに投資の判断をすると、お金が増えないどころか減ってしまう恐れもあります。

　ですから、「自分が弱っている」と思ったときは、体に素直になってスローダウンしましょう。常に全力で走り続けるのは、ど

んな生き物でも不可能です。

　ときには、「あえてスローダウンする日をつくる」ことも大切です。私もそうなのですが、「ついつい頑張りすぎてしまい、気づいたら心も体も疲れが溜まっていた」ということがよくあるからです。

　人間の脳はリラックスするほど創造的な発想ができます。

　頑張りすぎてしまうタイプの人は、1カ月に1日程度、カレンダーに前もってスローダウンする日を入れておきましょう。

自分と取引する

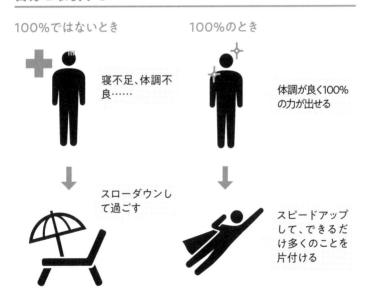

100%ではないとき

寝不足、体調不良……

スローダウンして過ごす

100%のとき

体調が良く100%の力が出せる

スピードアップして、できるだけ多くのことを片付ける

summary
自分が100%でないときは、意識的にスローダウンする。

自信を持てない人が実行すべき3つのこと

3 Action Points for those who lack confidence

　さまざまな国の世論調査を見ていると、日本人は他の国に比べて自信を持てない人が多いようです。

　そこで、自分に自信を持つためにはどうしたらいいか、海外で知られている方法を紹介します。

　1つめは「自分だけがダメだと考えない」こと。

　完璧主義者で何事もきっちりやらなければ気が済まないという人は多いと思います。私もそうです。しかし、すべてをパーフェクトにすることはできません。

　少し前のデータになりますが、独立行政法人国立青少年教育振興機構の「高校生の生活と意識に関する調査報告書」(2015年)によると、「自分はダメな人間だと思うことがあるか」との問いに対し、日本では「とてもそう思う」「まあそう思う」と答えた人を合わせると、72.5%に上りました。

自分をダメな人間だと思うか

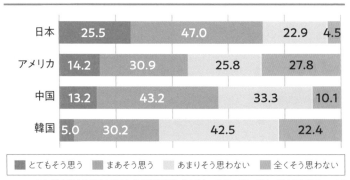

	とてもそう思う	まあそう思う	あまりそう思わない	全くそう思わない
日本	25.5	47.0	22.9	4.5
アメリカ	14.2	30.9	25.8	27.8
中国	13.2	43.2	33.3	10.1
韓国	5.0	30.2	42.5	22.4

出典：独立行政法人国立青少年教育振興機構の「高校生の生活と意識に関する調査報告書」(2015年)

アメリカの45.1％、中国の56.4％、韓国の35.2％と比較すると、とても高いことがわかります。中国人や韓国人も「完璧にやらなければいけない」という意識が強いことが知られていますが、両国と比較しても日本がこれだけ高いのは驚きです。

ここで覚えておいてほしいのは、「自分はダメな人間だ」と考えているのは、あなただけではないということ。

多くの人がそう感じています。ですから、失敗しても孤独にならないでください。

2つめは「健康を維持する」こと。

アメリカの心理学者であるアブラハム・マズローの自己実現理論によると、人間の欲求には5段階があるとされています（次ページ図）。さまざまな場所で使われている図なので、ご存じの方も多いでしょう。

これはピラミッド型になっており、一番下の段階は「生理的欲求」です。命を維持するための食事や睡眠などの欲求です。

2段階目は「安全欲求」。経済的に安定したい、良好な健康状態を維持したいなどの欲求です。

3段階目は「社会的欲求」。自分が社会に必要とされていると感じたい、社会の役に立ちたいという欲求です。

4段階目は「承認欲求」。自分が所属する集団から承認されたい、つまり価値がある存在として認められたいという欲求です。

そして5段階目が「自己実現欲求」。自分の能力や可能性を最大限に発揮して、自己実現をしたいという欲求です。この5段階の欲求は、下層の欲求が満たされると、その上の欲求が生まれるという関係になっています。

この理論から考えても、自己実現のためにまずすべきなのは「健康を維持すること」です。健康であることが自分の不安を減

らし、自信を増加させます。しっかり睡眠をとって、運動もして健康を維持することが成功の第一歩になるでしょう。

　私自身、ウォール街で働いているとき、アメリカ時間にアジアマーケットを見ていたので、時間が逆転する生活を続けていました。睡眠時間を十分に取れないので、頭がおかしくなりそうでした。いまは睡眠が重要であることに気づき、8時間睡眠を心掛けるようになりました。

　すると自信を持てるようになり、すべてが変わったのです。

マズローの欲求5段階説

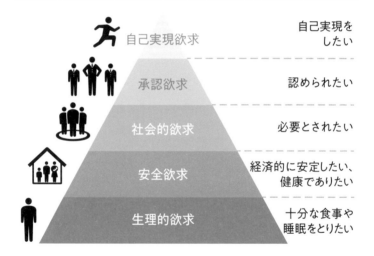

自己実現欲求　　自己実現をしたい

承認欲求　　認められたい

社会的欲求　　必要とされたい

安全欲求　　経済的に安定したい、健康でありたい

生理的欲求　　十分な食事や睡眠をとりたい

　3つめは「専門知識を持つ」こと。

　私自身も苦手なものは数多くありますが、自分の専門をつくることを心がけています。初めて会った人と話をするときにも、「これだけは誰にも負けない」という専門知識があると、自信を持つことができます。

　社会学者のデイヴィッド・ダニングとジャスティン・クルーガ

ーが考え出した「ダニング＝クルーガー効果」によると、人間の自信レベルは、知識レベルによって U カーブを描くと言います。

　知識レベルが低いときには楽観的で自信レベルが高いのですが、知識が増えてきて周囲の人と会話を重ねるにしたがって、自分の無能さに気づき、自信レベルが低くなります。そこから知識を増やしていくと、再び自信レベルが上がっていきます。

　ですから、何か一つでも専門分野をつくると、自信レベルを上げることができるのです。

ダニング＝クルーガー効果

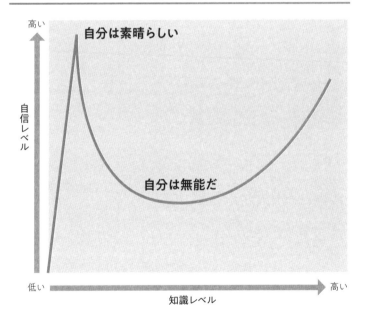

14

転職を決断すべき時期を見極める

Make a judgement on when you should change career

「日本の若い人は出世意欲がなくなっている」と耳にすることがありますが、その理由は「自分の仕事に本当の意味での"パッション"を持っていないから」ではないでしょうか。

　仕事に生きがいを感じることができれば、モチベーションも自然に出てくるはずです。

　お金持ちになる人は、転職にも積極的な人が多いです。「自分が決めたゴールに向かって進んでいない」と感じたら転職を考えます。

　日本は個人の夢よりも、グループで何かを成し遂げるという意識が強いようですが、世界で成功している人は「自分の夢にフォーカスして、ハッピーになるために、どの道を選ぶべきか」ということを社会人1年目から考えています。

　日本には「石の上にも3年」ということわざがあります。

　しかし、私は反対です。自分の夢を実現するためには若いときがチャンス。同じところで3年頑張って、自分のゴールに近づいていなかったら意味がありません。最初の3年で自分のやりたいことを見つけて、少しでもゴールに近づくことを考えるべきです。知っている人も多いかもしれませんが、英語に「我慢」という意味を正確に表す言葉はありません。

　私は最初、ウォール街の営業の仕事が向いていると思っていました。人に何かを売るのは得意だと感じていたからです。

　しかし実際に働いてみると、うまくいきませんでした。何かを売るには、ときに相手をごまかすことも必要です。それは私にと

って耐えきれないものでした。

　改めて考えてみると、私は競争するのが好きなことに気づきました。負けず嫌いな性格なので、トレーディングの世界で力を発揮できるのではないかと考えました。そして、ヘッジファンドの会社に転職したのです。

　ニューヨークでは、短期間で転職を繰り返す人が多くいます。

　たとえば、私が知っている同世代のウォール街で働いている人は、大半が就職して2年以内に転職しています。転職先もさまざまで、金融の仕事を辞めてライターになった親友もいます。

ニューヨークと日本の転職の考え方の違い

【ニューヨーク】ゴールに近づいていないと感じたらすぐに転職

着々とゴールに
近づいていく

転職　転職　転職　転職

ゴール

【日本】ゴールに近づいていなくても3年は続けてみる

転職したときには、ゴールへの
到達が不可能な時期に

ゴール

転職

 summary 　**自分のゴールに近づいていないと思ったら、
迷わず転職を考える。**

日本人の英語能力はマレーシアより下位!?

　私はまだ独身で子どもがいないので、教育についてはそれほど強い関心を持っていませんでした。しかし最近は、将来は結婚して、子どもがほしいと思っています。

　子どもの人生を左右するのは教育です。

　日本に戻ってきて教育に関するデータを調べてみましたが、調べるほど、自分の子どもを日本で育てるのが不安になりました。日本で教育を受けても、世界で競争できる力が身につかないと感じたからです。

　実際に世界の大学ランキングを調べてみると、日本でトップの東京大学でさえ上位には入っていません。さまざまな調査がありますが、評価が高いものでも世界36位、評価が低いところでは74位です。

　教育と仕事の機会についても調べてみました。スイスに本拠地を置くトップクラスのビジネススクールである IMD が世界中の企業に「どこの国から人材を採用したいか」を調査しました。日本は2018年に29位でしたが、2019年には35位でした。マレーシアは22位ですから、それよりもずいぶん下位になります。私はマレーシアにも住んだ経験があるので、「マレーシアに戻ったほうがいいのか!?」と思ったほどです。

　なぜ、こんな状況になってしまったのか。私が考えるに①英語力が低い、② GDP が低下している、③入学始業（４月入学）と大学受験に問題がある、この３つが原因だと思います。

　今回のコロナ禍で学校の始業を９月に変える議論がありましたが、私は賛成です。そうすれば日本の大学生も海外への留学がしやすくなるでしょう。また大学受験では、英語をもっと重視すべきだと思います。グローバル社会で仕事をするには英語が欠かせないからです。

Chapter

2

投資の基本

世界のお金持ちは「全員」と言っていいほど、投資を行っています。実際、26ページで紹介したように、資産の半分以上は「投資資産」なのです。では、何から始めればいいのか。本章に書いてある「投資の基本」をまずは身につけ、そこから個別の商品について学ぶのがおすすめです。

15

投資とは
「お金を預けて、増やすこと」

Investing means transferring your money to another to try and increase it

　この本を読んでいる人のなかには、投資に対して「ギャンブルみたいで怖い」という思いを持つ方もいるかもしれません。

　そんな人は「投資」を「お金を預けて、増やすこと」とシンプルに考えてみてはいかがでしょうか。

　私が最初に投資をしたのは、12歳のとき。祖父母からお年玉を10万円もらったことがきっかけです。

　それまで、そんなに大きな金額を手にしたことがありませんでした。とてもエキサイトしたことを覚えています。何を買おうかと考えても、金額が大きすぎて思いつきません。

　そこで使い道を決めかねている私を見て、父親がこう言いました。

　「10万円よりも20万円に増やしたほうがいいんじゃない？」

　そのとき父親は「投資」という言葉は使いませんでしたが、「お金を預けると、未来に増えて戻ってくる」ことを教えてくれました。

　当時はアメリカ国債の利率が7％程度だったので、10年持っていれば約2倍になる計算です。ただ、そんなことは理解しておらず、「10年で2倍になるなんて、なんてすごいんだ！」とシンプルに考え、父親にお金を預けるかたちで国債を買いました。

　その経験から、その後に手にしたお金も2倍にできる自信がつきました。「将来は大金持ちになれる」とも思いました。ちなみに、実際にお金が2倍になる期間や2倍にするための金利は「72の法則」でおおよそ計算できます（次ページ図）。

私の両親はとてもお金に堅実な人たちです。お小遣いは学校の
ランチマネーに少し上乗せして渡してくれる程度でした。

　家の仕事を手伝うと、少しお小遣いがもらえました。あるいは
近所を尋ねて「芝刈りはいかがですか」と売り込み、1回20～
30ドルくらい受け取ることもありました。そのお金は引き出し
の中に保管して、ある程度貯まったら国債を買うという少年時代
を過ごしました。

　私の経験はあくまで一例ですが、「投資＝ギャンブル」ではな
く「投資＝貯金」と考えると、投資のハードルは一気に低くなる
はずです。

お金が2倍になる期間・金利がわかる「72の法則」

お金が2倍になる期間	72	÷	金利（%）

※たとえば、金利が8%なら72÷8で約9年でお金を2倍にできる

お金を2倍にするための金利	72	÷	期間（年）

※たとえば、10年でお金を2倍にするには、72÷10で約7.2%が必要

summary　投資の方法を覚えると、お金の心配が少なくなり、
自分に自信が持てる。

16

情報をたくさん集め、自分の“心”で判断する

Gather lots of data and use your Gut feeling

　私は12歳から現在までの23年間、投資を続けています。23歳以降は固定給を受け取っておらず、運用で得た成果報酬と個人財産を投資したパフォーマンスで生活をしています。

　その経験の中で、世界のお金持ちの方法論も取り入れた結果、投資で利益を出すための法則をいくつか見つけました。それを整理していくと「5つ」に絞られました。ここでは「投資で利益を出す5つのルール」を紹介します。

　なお、私は「短期売買＝取引」「長期運用＝投資」と考えていますが、いずれの手法でもリスクがあります。そのリスクをいかに抑えるかが重要です。

【ルール1】情報をできるだけ集める

　取引と投資の世界では「情報は武器」です。武器が多いほど選択肢が増え、判断が正確になります。

　金融市場は、言ってみれば“戦場”です。基本的に、誰かが1円稼いだときには、他の誰かが1円を失っているからです。これを「ゼロサムゲーム」といいます。

　この“戦場”を生き抜くために、どのように情報を集めればいいのか。詳しくは190ページで解説していますが、私は毎日『日本経済新聞』『ブルームバーグ』『トレーディングエコノミクス』『CNBC』といった約10の新聞やネットメディアをチェックしています。

　このときのポイントは、時間をかけすぎないこと。報道されるニュースを一つひとつ深掘りしていったら、どれだけ時間があっても足りません。なので私は、まず「見出し」をチェックし、気になったものを詳しくチェックするようにしています。

ルール1　情報をできるだけ集める

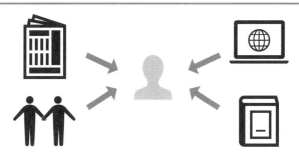

【ルール2】他の人の意見だけで決断をしない

　新聞やネットニュースだけでなく、SNSやブログなどでも情報はあふれ返っています。

　しかし、膨大な数の意見を見聞きしたとしても、最終的には自分の"心"で決断しなければなりません。実際には「心」と「頭」です。情報ソースが家族でも友人でも会社の上司でも誰であっても、その人の意見だけに頼らないことが重要です。

ルール2　自分の"心"で判断する

summary　どんなに信頼できる情報でも
一度は疑ってみることが大切。

17

投資先は多様化させる

Diversify your investments

【ルール3】 分散投資をする

投資先、投資商品を多様化させる、つまり「分散投資」の勧めです。

取引や投資の際に、人間はときどきミスをします。それは100％避けられません。ですから、地域や投資商品が多様化したポートフォリオをつくることが重要なのです。

日本人の多くは資産が日本とアメリカに偏っている傾向があります。しかし、ドイツ、フランス、スペイン、ブラジル、ロシア、中国、インドなどにも目を向けるべきです。特にインドや東南アジアをはじめとする新興国は有望です。

投資をする際には個別株を選ぶのは初心者には難しい面もあるので、ETF（上場投資信託）で投資先を多様化するのがおすすめです。

そのときには安心できる証券取引所に上場されているものを買うのがいいでしょう。ETFの選び方、おすすめETFについてはChapter3で詳しく解説します。

ルール3　投資先を多様化させる

地域を分散する　　　　　　　　投資対象を分散する

summary
ETFはそれ自体が分散投資なので、個別銘柄を買うよりも安心。

投資した理由を記録する

Write down your reasons for each investment

【ルール4】買う理由、売る理由を記録する

　取引や投資をするときは記録を取る。これは私がファンドで働き始めたとき、先輩にアドバイスされたことです。

　たとえば、新たに株式を購入したら、購入した理由を書きます。それと同時に、前もって売る理由も書いておきます。「こうなったら売る」というルールを記しておくのです。

　あるいは「こうなったら、自分の判断が間違っていたので売る」と損切りのルールも書いておきます。

　これがないと、自分が間違えても「自分は正しい」と都合よく解釈してしまいます。そう、自分に嘘をついてしまうのです。結果、失敗から学ぶことができないので何度も同じ間違いをしてしまいますし、感情のコントロールもできなくなります。

　書く方法は手書きである必要はありません。私はPCで管理していて、定期的に見返すようにしています。過去の自分と対話するといまの自分を客観視できるので、次の判断にも生かすことができます。

ルール4　買った理由、売った理由を記録する

summary

**自分に嘘をつかないためにも
ルールをしっかり書いておく。**

19

売買は"少しずつ"行う

Buy and sell slowly

【ルール5】一度に大きく売買しない

新しく買ったり売ったりするときは、一度に売買してはいけません。感情に動かされるのではなく、複数回に分けて投資しましょう。

たとえば、買いたい株式が下がっているとき、ついつい「いまがチャンスだ！ 一気に儲けてやろう」と思ってしまうものです。しかし、一度に買うことはおすすめできません。

10万円で買おうと思っているなら、まずは3万円だけ買う。その後に下がったらまた3万円買う。さらに下がったら4万円買う。そうやって少しずつ買うのです。売るときも同様です。

投資では想定外の出来事により、暴騰・暴落することがあります。全額を同じタイミングで投資してしまうと、万が一暴落したときに大損害を被る可能性があります。

世界のお金持ちは、投資に対して「いかに儲けるか」よりも「どれだけ失敗を減らせるか」を考えています。

「すでにお金を持っているから、そう考えられるんでしょ？」と思う人もいるかもしれませんが、それは違います。お金に"欲"を持ちすぎると、むしろ逃げていくことを感覚的にわかっているからです。うまくいきすぎているときほど、自制する精神を持つ。これが投資で成功するために必要なマインドです。

ルール5　一度に売買しない

時間と金額を分散

summary

チャンスと思って自制心が外れると、冷静な判断ができなくなるので注意!

20

利益の目標は立てない

Don't make a profit goal

　投資をするとき、「何％のリターンを目指す」といった目標を立てる人もいると思います。しかし、目標にこだわりすぎると、投資に対してネガティブな気持ちが強まります。特に初心者にはこの傾向があるので注意してください。

　たとえば、目標リターンを10％に設定して、実際に５％しか得られなければ、どうでしょう。「自分は才能がない」「投資は向いていない」「やっぱり貯金が一番だ」などと思い込んでモチベーションが下がってしまいます。

　そうなると、中長期で見れば上がる商品を売ってしまったり、日課にしていた情報収集をしなくなったり、アンテナを張る意識がなくなったり、いいことは何もありません。

　利益の目標は立てず、余裕資金でリラックスして投資する。これが大切です。

目標設定の仕方

毎年10％のリターンを
確保するぞ!

達成できなかったときにネガティブな感情が生まれ、モチベーションがダウン

事業を成功させて
社会に貢献するぞ!

大きなパッションを持っていれば、自然と人もお金も集まる

summary

リターンを目標に設定すると、
達成できなかったときにネガティブになり逆効果。

21

収入を3つに分けて
投資資金を確保

Divide your income into 3 brackets

　お金持ちになるための最も確実な方法は投資を始めることです。212ページでも紹介していますが、アメリカの株式市場は平均で年9〜11％程度成長しています。もし毎月1万円をこの成長率で積立投資していれば、25年間で1000万円にまで増やせるということです。

　では、毎月の積立投資資金をどうやって確保すればいいか。
　おすすめは「支出を3つに分ける」こと。「住居費」「自分や家族のためのお金（生活費や教育費）」「その他」です。
　「その他」の部分は、趣味や飲み会など人生を楽しむためにさまざまなものに使っていると思いますが、この中からできるだけ多くの金額を積立投資に回してください。

支出を3つに分ける

住居費	自分や家族のための	その他
（家賃、住宅ローン、光熱費など）	お金（生活費、教育費など）	

この部分からできるだけ多くの金額を投資する！

次に、積立投資のために用意した資金のポートフォリオ（金融商品の組み合わせ）を考えます。

まず資金を長期と短期に分けます。長期投資に7〜9割、残りの1〜3割を短期投資にします。

ここではまず長期投資について解説しましょう。

長期投資では4〜6割を「株式」「社債」「不動産」に投資します。経済が成長しているときには、この部分の資産が増えます。歴史的に見ると、経済が成長している期間は後退している期間より長いので、この部分への投資が多く占めることになります。

次に、1〜3割は「国債」や「現金」などの安全資産にします。この部分は経済が後退しているときに力を発揮します。

残りの2〜4割は「コモディティ」に投資します。金、銀、プラチナなどの貴金属、ビットコイン、エネルギーなどさまざまな対象があります。

それぞれの割合には幅を持たせていますが、自分の年齢と性格に応じて決めてください。20〜30代の人なら株式や不動産、コモディティの比重を多くしましょう。70〜80代であれば、国債や現金を多めにします。あるいは、あなたの性格がストレスを感じやすい場合、安全資産を多めにするのもいいでしょう。

投資資金を長期と短期に分ける

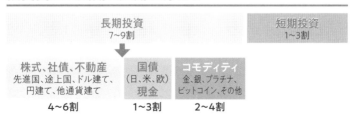

summary
年齢と性格によって、積立投資のポートフォリオを調整する。

22

危機に強い
ポートフォリオをつくる

Create a portfolio that can withstand emergencies

長期積立投資の資産配分について具体的に解説しましょう。

まず、株式、社債、不動産の部分は「ETF」を買います。

不動産の現物を買おうとすると多額の資金が必要になりますが、ETFなら小口でも購入できます。ドル建て、円建て、ユーロ建てなど数多くのETFがあります。

証券会社の信用口座を利用すれば自己資金の数倍の投資が可能ですが、リスクが高くなるのでおすすめできません。証券会社からお金を借りて自己資金以上の投資をすることを「レバレッジ」と呼びますが、長期投資ならレバレッジを利用しなくても資産形成は可能です。

株式、社債、不動産の部分では、先進国、途上国、ドル建て、円建て、ユーロ建てなど、さまざまな部分で投資先を多様化してください。他のアドバイザーはこの部分に資産のほとんどを投資するように言いますが、私のおすすめは4〜6割です。

コロナショック、ギリシャショック、リーマンショック、アジア通貨危機など、過去にはさまざまな危機がありました。そのとき、株式、社債、不動産の部分の資産価値は下がります。

しかし、国債や貴金属の価格は上がることがよくあるため、資産全体としてリスクが低くなるのです。

ちなみに、国債のおすすめは「アメリカ国債」です。日本の国債は買っても構いませんが、マストではありません。そして現金も少し残しておいてください。

危機に強いポートフォリオ

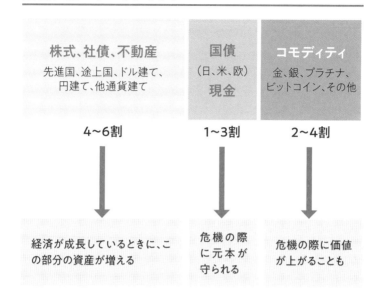

株式、社債、不動産	国債	コモディティ
先進国、途上国、ドル建て、円建て、他通貨建て	（日、米、欧）現金	金、銀、プラチナ、ビットコイン、その他
4~6割	1~3割	2~4割
↓	↓	↓
経済が成長しているときに、この部分の資産が増える	危機の際に元本が守られる	危機の際に価値が上がることも

　コモディティの部分もさまざまな商品があります。私のおすすめは、貴金属（金、銀、プラチナ）、亜鉛、鉛、アルミニウムなどの貴金属ではない金属（ベースメタル）、ビットコイン、原油、天然ガス、農業商品などです。

　なお、コモディティについては Chapter5、具体的な「コモディティのおすすめ ETF」は78ページで紹介しています。

　このポートフォリオを構築することで、安定的なリターンを確保できるはずです。

summary

国債などの安全資産やコモディティを持つことで危機の際のリスクを減らせる。

投資資金の1〜3割は短期でハイリターンを狙う

Invest 10-30% into short term strategies for high returns

給料から税金や家賃、生活費、教育費などをすべて差し引いて残ったお金。これが投資すべきお金です。そして63ページに書いたように、投資金額の7〜9割は長期的に積み立て、残りの1〜3割を短期投資に充てるのがおすすめです。

短期と長期では戦略がまったく異なります。

長期投資は、利回りはあまり高くなくても、長く続けることによって複利効果が得られ、大きく資産を増やせるのがメリットです。たとえば、毎月1万円の積み立てでも30年継続し、利回りが6％なら1000万円を手にすることができます（次ページ図）。

短期投資の特徴は、長期投資よりはるかに高いパフォーマンスが期待できること。さまざまなアイデアを使って、相場の波に乗り、何度も繰り返しトレードするからです。私が若いときに教えてもらったのは「1回で100円儲けるよりも10円を10回儲けるほうがずっと簡単」ということです（詳しくは90ページ）。

ただし短期投資の場合、長期投資と異なり、こまめに相場をチェックする必要もありますし、相場を見極める力を得るまでにはそれなりの期間を要します。

では、なぜ短期投資もポートフォリオの一部に入れたほうがいいのか。それは、長期投資では分散（＝多様化）する戦略が有効ですが、経済危機が起きたとき、すべてが下がることもあるからです。

たとえば、リーマンショックのときはすべての資産が下がったこともありました。このように危機的な経済危機が起こった際、資産をカバーするために短期投資があるのです。

短期投資のコツについては、Chapter4で詳しく解説していますので、ぜひチェックしてください。

1000万円（10万ドル）に達するまでに必要な毎月の投資額

		必要な年数				
		5	10	15	20	25	30
年間の利回り（％）	3	15万4700円	7万1600円	4万4100円	3万500円	2万2400円	1万7200円
	4	15万800円	6万7900円	4万600円	2万7300円	1万9500円	1万4400円
	5	14万7500円	6万4800円	3万7800円	2万4600円	1万7100円	1万2000円
	6	14万3900円	6万1500円	3万4900円	2万2100円	1万4800円	1万円
	7	14万500円	5万8500円	3万2100円	1万9700円	1万2800円	8200円
	8	13万7100円	5万5500円	2万9600円	1万7600円	1万1000円	6700円
	9	13万3800円	5万2700円	2万7300円	1万5700円	9500円	5500円
	10	13万600円	5万円	2万5100円	1万3900円	8100円	4400円
	11	12万7500円	4万7500円	2万3100円	1万2400円	6900円	3600円
	12	12万4500円	4万5100円	2万1200円	1万1000円	5900円	2900円

※元データの1ドルを100円と仮定し、作成
参照：GRANDTAG FINANCIAL CONSULTANCY　STRAITS TIMES GRAPHICS

summary

危機が起こったときは、短期投資で長期投資の損失をカバーする。

「株価の決まり方」を知る

Understand what determines the stock price

　いまの株式市場はアメリカ、ユーロ圏、日本など、すべての地域がつながり、値動きが影響を受け合っています。年を追うごとにそのつながりは強まっています。

　その理由は、アルゴリズム（コンピューターが自動的に株式の売買注文を繰り返す取引）の影響が年を追うごとに強くなっているからです。

　日本、アジア各国のファンドの知人に聞いてみると、以前はニューヨークやイギリスほどの影響はありませんでしたが、最近は、アジアや日本へのアルゴリズムの影響も大きくなっているようです。

　毎年発行されるヘッジファンドレポートを見ると、クオンツ戦略（数量的な分析に基づく運用）を使ったファンドがパフォーマンス上位に来ています。アルゴリズムを使ったファンドは20年ほど前から増えています。

　年々、アルゴリズムへの設備投資が多くなり、アルゴリズムが相場に与える影響も大きくなってきました。

　結果的にアメリカ、ユーロ圏、そしてアジアのマーケットの値動きも似るようになったのです。

　昔は、人間が取引をしていて需要と供給によって価格が決まっていました。しかし、いまはアルゴリズムの影響が非常に大きくなっています。

　もし金融の世界を目指されている方がいたら、コンピュータプログラミングを習うことを強くおすすめします。私自身は習ったことがないので、いまになって習っておけばよかったと思っています。

アルゴリズムの影響はこれからもっと大きくなるでしょう。それを忘れてはいけません。

ただ投資をするうえでは、アルゴリズムの影響を気にしすぎないことが重要です。「アルゴリズムの影響で相場はこうなる」といった説が流れることがありますが、それが当たっているとは限りません。また、次々と新しいアルゴリズムが登場しますから、市場に与える影響もすぐに変わってしまいます。

今はアルゴリズムが需給を支配している

価格の決まり方の基本

需要　　　供給

現在の価格の決まり方

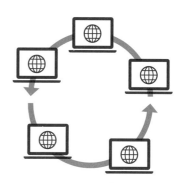

需要と供給の
バランスで決まる

アルゴリズムの
注文で決まる

 summary 現在はアルゴリズムによって需要と供給が
左右されて価格に影響を及ぼしている。

日本の生活水準は世界29位!?

　GDPの数値は、国全体の収入を示すものですが、大切なのは一人当たりのGDPをチェックすることです。一人当たりのGDPは、その国の国民の生活水準と見なせるからです。

　OECDは毎年、各国の一人当たりGDPを公表しています。そのデータによると、日本はほとんどの先進国より低い数値です。ニュージーランドや韓国より下位であるのは驚くべきことです。私が日本で育った1980年代の後半、日本は世界2位でした。

　では、どうすれば元に戻すことができるのでしょうか。

　経済を立て直すにはさまざまな方法がありますが、私が考えるアイデアの一つは、お金を回しやすくする、ビジネスをしやすくすることです。

　世界銀行が各国の「ビジネスのしやすさ」をまとめています。現時点の調査で、日本は世界で29位になっています。

　日本の一人当たりGDPが下がっている、つまり生活水準が下がっている理由の一つは、このビジネスのしにくさにあると思います。

　日本には素晴らしい力があり、チャンスもあります。しかし、ビジネスがしにくい面があります。

　私は起業家としても活動していますが、日本に戻ってきたときに弁護士に「日本で会社を設立するにはどのくらいの期間と費用がかかる？」と相談したところ、「費用は20万円くらいで期間は1カ月から1カ月半だね」と言われてびっくりしました。アメリカやシンガポール、香港なら、費用は1万〜2万円で数日あれば可能だからです。しかも日本では他にもさまざまな手続きが必要です。手続きを簡素化してスピードアップしなければ、一人当たりのGDPは増えないのではと私は考えています。

Chapter

3

ポートフォリオ

ポートフォリオとは「金融商品の組み合わせ」のこと。100万円のお金があったらそれを「何に」「どれくらいの割合で」分配するかを決めるということです。本章ではポートフォリオの組み方のポイントと具体的な商品について紹介します。

25

上場していてコストが安い
ETFがおすすめ

I recommend low cost ETFs

「資産形成をするならインデックスファンドがおすすめ」とよくいわれますが、私はそう思いません。インデックスファンドとは、「日経平均株価やTOPIXなどの代表的な株価指数に連動するように設計された投資信託」です。

基本的に、金融商品は金融機関がお金を儲けるためにつくったもののため、コストが割高になりがちです。

そこで私がおすすめするのがETFです。ほとんどの投資はETFで購入可能です。

ETFがインデックスファンドと違うのは、証券取引所に上場していることです。取引時間中は、いつでも時価で購入できますし、売ることもできます。

また、インデックスファンドよりも「低コスト」のケースが多いという特徴があります。コストは毎年支払わなくてはいけないので、いかに低くするかは、お金持ちを目指すうえで非常に重要です。

ETFにはさまざまなものがありますが、その中からベーシックなものを紹介します。

次ページに載せた長期投資のポートフォリオに沿って、それぞれの部分でおすすめのETFを選びました。

ただ、私にも間違いはあります。最終的には自分で調べて選んでください。

なお、私はETFを選ぶ際に純資産総額に注目しています。純資産総額が大きければ出来高も多くなる傾向があり、いつでも売買できて安心感があるからです。

長期投資のポートフォリオ

株式、社債、不動産	国債	コモディティ
先進国、途上国、ドル建て、円建て、他通貨建て	（日、米、欧）現金	金、銀、プラチナ、ビットコイン、その他
4〜6割	**1〜3割**	**2〜4割**

　ETF はさまざまなサイトで紹介されていますが、純資産総額のランキングを確認できるサイトの例を紹介します。「TRACK INSIGHT」です。

ETF比較サイト「TRACK INSIGHT」の純資産総額ランキング

順位	名称
1	SPDR S&P 500 ETF - USD
2	iシェアーズ・コア S&P 500 ETF - USD
3	バンガード・トータル・ストック・マーケットETF - USD
4	バンガード・S&P 500 ETF - USD
5	iシェアーズ・MSCI EAFE ETF - USD
6	バンガード FTSEディベロップド・マーケッツETF - USD
7	バンガード FTSEエマージング・マーケッツETF - USD
8	TOPIX連動型上場投資信託- JPY
9	インベスコ QQQ - USD
10	iシェアーズ・コア 米国総合債券市場 ETF - USD

※2020年8月12日時点
https://www.trackinsight.com/en/top/largest

summary

**ETFは純資産総額の大きいものがおすすめ。
いつでも売買できるので安心感がある。**

26

株式は国と通貨を
多様化して保有する

Diversify your stock investments by country and FX

　繰り返しお伝えしてきたように、投資をするときには「多様化」が大事です。

　株式に投資する場合でも、国や通貨を多様化すべきです。

　たとえば「VEA（バンガード FTSE ディベロップド・マーケッツ ETF）」は先進国株式に投資する ETF で米ドル建てです。バンガードが運用していてコストが低いのが特徴です。

　米ドル建てで、もう１本選ぶとすれば「SPY（SPDR S&P 500 ETF）」がいいでしょう。アメリカの代表的な株価指数である S&P に値動きが連動する ETF です。

　途上国株式の米ドル建て ETF でおすすめは「VWO（バンガード FTSE エマージング・マーケッツ ETF）」です。

　また、円建ての ETF を選ぶなら「1306（TOPIX 連動型上場投資信託）」です。

　香港株式の ETF も持っておくのがおすすめです。香港は中国の株式に連動するからです。おすすめは「2800（トラッカー・ファンド・オブ・香港 ETF）」です。香港ドル建てなので通貨の多様化の効果もあります。

　欧州の ETF では、ユーロ建てで純資産総額が大きい「SX5S（インベスコ・ユーロ・ストックス50 UCITS ETF）」がおすすめです。

　以上を少しずつ購入すれば、米ドル、香港ドル、円、ユーロ、先進国、途上国に資産を多様化できます。

　ここでおすすめしたもの以外にもさまざまな ETF がありますので、自分で検討して選んでください。

おすすめETF【株式】

コード	名称	投資対象	通貨
VEA	バンガード FTSEディベロップド・マーケッツETF	先進国株式	米ドル建て
SPY	SPDR S&P 500 ETF	米国株式	米ドル建て
VWO	バンガード FTSEエマージング・マーケッツETF	途上国株式	米ドル建て
1306	TOPIX連動型上場投資信託	日本株	円建て
2800	トラッカー・ファンド・オブ・香港 ETF	香港株	香港ドル建て
SX5S	インベスコ・ユーロ・ストックス50 UCITS ETF	ユーロ株	ポンド（ペニー）建て

ETFの該当部分

株式、社債、不動産 先進国、途上国、ドル建て、円建て、他通貨建て	国債 （日、米、欧） 現金	コモディティ 金、銀、プラチナ、ビットコイン、その他
4～6割	1～3割	2～4割

↑
株式はこの部分

summary **株式では先進国、途上国、日本、香港、ユーロの ETFを組み合わせる。**

27

社債はハイイールド債券 ETFを活用

I recommend High Yield Bonds for Corporate Bonds

　現時点で純資産総額が大きく、コストが安いのはアメリカのハイイールド債券に投資する「HYG（i シェアーズ iBoxx ハイイールド社債 ETF）」です。

　この ETF は、米ドル建てハイイールド社債で構成される指数に連動する投資成果を目指して運用が行われています。組入債券の信用格付けは、2020年8月6日時点で BB が約56％、B が約32％、CCC が約10％などです。

　株式と同様、さまざまな ETF がありますので、自分で検討して選んでください。

おすすめETF【社債】

コード	名称	投資対象	通貨
HYG	i シェアーズ iBoxx ハイイールド社債ETF	高利回り債券	米ドル建て

ETFの該当部分

株式、社債、不動産 先進国、途上国、ドル建て、 円建て、他通貨建て	国債 （日、米、欧） 現金	コモディティ 金、銀、プラチナ、 ビットコイン、その他
4～6割	1～3割	2～4割

↑
社債はこの部分

summary　ハイイールド債券ETFなら
比較的高いリターンが得られる。

28

国債は3つのETFで期間を多様化

Diversify your Bond ETFs by Duration

　国債でおすすめは米国債です。なぜなら、世界的に利回りが低いなかでも、比較的高い利回りを維持しているからです。加えて安全性を重視するなら、やはり米国債でしょう。

　たとえば「TIP（iシェアーズ 米国物価連動国債 ETF）」は期間の短い国債を購入しています。

　「BND（バンガード・トータル債券市場 ETF）」は期間が1～20年程度の国債を購入、「TLT（iシェアーズ 米国国債 20年超ETF）」は期間20年以上の国債を買っています。

　これらを組み合わせることで、「短期」「中期」「長期」と期間を多様化することができます。

　なお、現金は証券口座に入れておくのがおすすめです。銀行に預けておいても金利はほとんどつきません。それなら、証券会社の口座に入れておき、いつでも投資に利用することができるようにしておいたほうがいいでしょう。

おすすめETF【国債】

コード	名称	投資対象	通貨
TIP	iシェアーズ 米国物価連動国債 ETF	期間の短い米国債	米ドル建て
BND	バンガード・トータル債券市場ETF	期間1～20年の米国債	米ドル建て
TLT	iシェアーズ 米国国債 20年超 ETF	期間20年以上の米国債	米ドル建て

summary

国債は「短期」「中期」「長期」と期間を多様化させる。

29

貴金属、原油、天然ガス、農業商品のおすすめETF

Recommended ETFs for Precious Metals, Oil, Natural Gas, Agriculture

コモディティの部分では、金は「GLD（SPDR ゴールド・シェア）」や「IAU（iシェアーズ ゴールド・トラスト）」が純資産総額の大きい ETF です。「IAU」のほうが少し運用コストは安くなります。鉱山に投資するなら「GDX（ヴァンエック・ベクトル・金鉱株 ETF）」という大きな金鉱山の ETF があります。

おすすめETF【金】

コード	名称	投資対象	通貨
GLD	SPDR ゴールド・シェア	金	米ドル建て
IAU	iシェアーズ ゴールド・トラスト	金	米ドル建て
GDX	ヴァンエック・ベクトル・金鉱株ETF	金鉱山	米ドル建て

銀は「SLV（iシェアーズ・シルバー・トラスト）」、プラチナは「PPLT（アバディーン・スタンダード・フィジカル・プラチナ・シェアーズ ETF）」、パラジウムなら「PALL（アバディーン・スタンダード現物パラジウム・シェアーズ ETF）」があります。ビットコインは現物を購入したほうがいいでしょう。CFD（証拠金を預けて銘柄を売買し、その差金のみ決済する取引）で先物のビットコインを買うこともできますが、コストが高いためおすすめできません。

その他の部分にはさまざまあります。たとえば、「DBB（インベスコ・DB・ベース・メタルズ・ファンド）」は、亜鉛、鉛、アルミニウム、銅などの貴金属ではない金属（ベースメタル）に投資する ETF です。

原油で最も純資産総額が大きいのは「USO（USオイルファンド）」です。USOは原油のETFですが、天然ガスのETFに「UNG（ユナイテッドステイツ・ナチュラル・ガス・ファンド）」があります。どちらも変動率が高いので、投資するなら少しだけ買うのがいいでしょう。

　農業商品に投資するETFでおすすめなのは「DBA（インベスコ・DB・アグリカルチャー・ファンド）」です。このETFは、麦、とうもろこし、砂糖、大豆などが組み入れられています。

　以上すべてを購入すれば、相当な多様化が可能です。さまざまなものを保有できます。しかも、すべて純資産総額が大きいETFですから、基本的にいつでも売却可能です。私は個別銘柄には投資していませんが、私が絶対正しいということはありませんから、個別銘柄に投資したい人は自分で判断してください。

おすすめETF【その他コモディティ】

コード	名称	投資対象	通貨
SLV	iシェアーズ・シルバー・トラスト	銀	米ドル建て
PPLT	アバディーン・スタンダード・フィジカル・プラチナ・シェアーズETF	プラチナ	米ドル建て
PALL	アバディーン・スタンダード現物パラジウム・シェアーズETF	パラジウム	米ドル建て
DBB	インベスコ・DB・ベース・メタルズ・ファンド	ベースメタル	米ドル建て
USO	USオイルファンド	原油	米ドル建て
UNG	ユナイテッドステイツ・ナチュラル・ガス・ファンド	天然ガス	米ドル建て
DBA	インベスコ・DB・アグリカルチャー・ファンド	農業商品	米ドル建て

summary
コモディティは金、銀、プラチナのほか
ベースメタルや農業商品を組み合わせてもいい。

30

「高配当株」の謳い文句に 騙されてはいけない

Don't be lured into only High Dividend Investments

　高配当の株式を保有して、自動的に配当が受け取れる仕組みをつくり、受け取った配当を再投資していけば、どんどんお金が増えていき、自然とお金持ちになれる。そんな「マネーマシン」をつくりませんか？　と勧める人がいます。配当、分配金、高利回り……どれも日本人が好きな投資なので魅力的に感じる人もいるかもしれません。

　しかしこれは、間違いです。

　私は何年もウォール街で働いていましたが、その経験からしても、マネーマシンの考え方には同意できません。

　実は、海外でも「高配当株を買えば、パフォーマンスが高くなる」というセールストークで金融商品を販売する金融機関が数多くあります。

　そのとき、顧客に見せるチャートの一つがアメリカの代表的な株価指数 S&P500の動き（右ページ上図）です。

　チャートには２本のラインがあります。１本は受け取った配当を集めて毎年再投資した場合のパフォーマンス、もう１本は受け取った配当を再投資しなかった場合のパフォーマンスです。

　これを見て、配当を再投資するのが有利、配当が高い株式を買うのが有利、「これが答えだ」と言う人がいるのです。

　この話を信じてしまう人が多いので、金融機関は配当が高い商品を数多くつくっています。ETF も数多くあります。もしあなたが望むなら、30％程度の配当が得られる商品もあります（右ページ下図）。

　S&P500の動きで見たように、配当を再投資したほうがパフォーマンスは高くなりますが、高配当株への投資は注意が必要です。その理由は次項以降で紹介しましょう。

S&P500の推移

S&P 500
Total Return with Dividends and Price Index

配当を再投資した場合

配当を再投資しなかった場合

- Dividends Reinvested
- S&P 500 Price Index

Monthly data as of August 8, 2013 covering January 1988 to July 2013, source: S&P Dow Jones Indices.
Past Performance is not a guarantee of future results. It is not possible to invest in an index.

高配当が得られるETF

配当利回りが30%を超えるものも!

コード	名称	配当率
REML	Credit Suisse X-Links Monthly Pay 2xLeveraged Mortgage REIT ETN	31.34%
PIN	インベスコ・インド ETF	30.38%
USOI	Credit Suisse X-Links Crude Oil Shares Covered Call ETN	25.80%
HEWY	iシェアーズ Currency Hedged MSCI South Korea ETF	25.64%
PREF	Principal Spectrum Preferred Securities Active ETF	21.84%

※2020年7月24日時点
出典:ETFdb.com/Top 100 Highest Dividend Yield ETFs

summary
配当を再投資すれば長期的にパフォーマンスは
高くなるが、高配当株投資には注意が必要。

31

リターンが上がる
「ローテーション」とは

Increase your returns with Asset Rotation

　前項では配当を再投資したほうがパフォーマンスは高くなることを説明しましたが、さらに高いリターンが狙える戦略があります。それが「ローテーション」です。まず、2005年から2015年のチャートを見てみましょう（下図）。この期間を選んだのは、2008年にリーマンショックがあったので、「大きな危機があったとき、どう動くか」を比較しやすいからです。

　2本のラインは「株式と金」を組み入れたポートフォリオで運用した場合のパフォーマンスを示しています。1本のラインは株式3分の2、金3分の1のポートフォリオです。世界的なファンドのポートフォリオでは、3分の2程度を株式で運用し、3分の1程度を安全商品にすることがあります。これに近い形のポートフォリオです。もう1本のラインは「ローテーション戦略」と呼ばれるものです。たとえば、前月に株式よりも金のほうがパフォーマンスが高ければ、翌月は金を増やします。これを毎月繰り返してポートフォリオを調整するのがローテーション戦略です。

株式と金のポートフォリオ

出典：Seeking Alpha

S&P500の構成銘柄をすべて購入して、10年間保有した場合、配当も入れた年平均利回り（CAGR）は8.45％です。そのときのボラティリティ（変動率）は19.57％、最も価格が下がった最大下落幅損（Draw Down）は、リーマンショックのときで55.44％です。

　しかし、さまざまなローテンションを入れると変わります。たとえば、SPY（米国株）、EFA（ヨーロッパ株に少し途上国が含まれる）、GDR（金）のポートフォリオでローテーションすると、パフォーマンスは大幅に向上します。

　しかも、ボラティリティは変わりません。最大下落幅は46.24％なので、これも改善しています。S&P500に投資するより、ローテーション戦略を採用したほうが優秀であることがおわかりいただけると思います。

ローテーション戦略

		年平均利回り（CAGR）	シャープレシオ	ボラティリティ（変動率）	最大下落幅（Draw Down）
1	S&P500に連動するETFを保有した場合	8.45%	0.51	19.57%	55.44%
2	シャープレシオが優れている3種類のETF(SPY, EFA, GLD)のローテーション	15.8%	0.86	19.24%	46.24%
3	2+中期米国債ETF（SHY）のローテーション	18.24%	1.07	17.09%	24.87%
4	2+長期米国債ETF（TLT）のローテーション	20.94%	1.16	17.75%	24.44%

参照：Seeking Alpha

summary
ローテーション戦略を活用すれば、リターンは上昇し、リスクは下がる可能性がある。

32

投資の善し悪しがわかる 「シャープレシオ」

Sharpe Ratio is key to understanding good investing strategies

　高配当株投資に気をつけたほうがいい理由をさらに理解していただくために、シャープレシオ（Sharpe Ratio）を紹介します。これは投資の初心者でも絶対に知っておくべき指標です。

　シャープレシオは数値が大きいほど、リスクを超えるリターンが得られていることを示します。つまり、シャープレシオを見ることで「効率良くリターンを得られているかどうか」がわかるのです。

　シャープレシオの計算式は以下のとおりです。

シャープレシオの計算式

$$\text{シャープレシオ} = \frac{\text{ポートフォリオの収益率} - \text{安全資産の収益率}}{\text{標準偏差}}$$

　たとえば、一人の投資家が全財産で株式の1銘柄だけを買った場合は、大きな変動率になります。リーマンショックのときは60〜80％程度下がることもあったでしょう。株式市場全体が50％下がると、個別銘柄は指数より下がることもありますので、大きな変動率になるのです。つまり、標準偏差が高くなります。

　もう一人の投資家は、10の商品に多様化したとします。株式で5種類、国債などの安全商品で2種類、貴金属で3種類です。

　では、もし2人の投資家のパフォーマンスが同じだったら、どちらを選ぶでしょうか。

もちろん、２人目でしょう。変動率が高くないのでストレスが低くて済みます。パフォーマンスが同じであれば、当然です。

　ここがポイントです。

　投資は、パフォーマンスだけを見て、「これが一番いい戦略だ」と決めることはできません。

　それなら、誰かが株式を一銘柄選んで、集中投資して莫大な利益が出れば、それが最も優れた戦略になります。

　しかし、ウォール街も世界の投資機関もそうは動いていません。みんな変動率、シャープレシオをチェックしているのです。

どちらの運用が優れている?

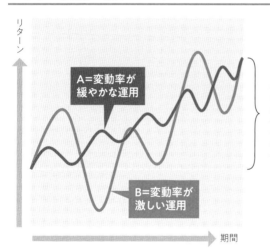

リターン

A=変動率が
緩やかな運用

B=変動率が
激しい運用

得られるリターンが同じなら、変動率の小さい運用のほうが安心

期間

summary

**リターンが高いだけでなく、シャープレシオが
高い投資こそ優秀な投資と言える。**

「標準偏差の低さ」が 優秀な投資家の証

Low variance is a sign of experienced investing

　私がヘッジファンドにいたとき、顧客との面接で最初に聞かれたのは「あなたのシャープレシオはどれくらいですか」ということです。

　１以上が合格ラインで、２なら素晴らしい、３はとても珍しい、と判断されます。しかし、３にはなかなかなりません。３にするためには、シャープレシオの計算式（前項）の分母＝標準偏差を低くしなければならないからです。

　標準偏差の低さは「バラツキが少ないこと」を意味します。これを実現するためには、運用成績がマイナスの月がほとんどなく、プラスを継続する必要があります。

　標準偏差は運用成果に大きな影響を与えます。

　ビジネススクールの「Yale School of Management」のレポートに重要なチャートが掲載されています。これは「Buy and Hold」つまり、株を買ってずっと保有していた長期投資の場合と短期投資を比較したものです。

　1990年代以降、アメリカの株式が急上昇していたときは、短期投資や取引のパフォーマンスのほうが圧倒的に強さを示しました。「Buy and Hold」では、112本のインデックスファンドを買って持ち続けましたが、それよりも、短期投資のほうが高いパフォーマンスが得られたのです。

　なぜなら、シャープレシオが高い、つまり標準偏差が低かったからです。

　お金を増やすときにはパフォーマンスが高いだけでは不十分。ボラティリティが高いとストレスが高くなります。自分の財産が80％下がる確率があるとしたら、誰が投資するでしょうか。

イェール大学マネジメントスクールのレポート

**Figure I: Day Trading versus Buy-and-Hold Strategy
Average Across 112 Foreign Stock Funds**

— Day Trading
— Buy-and-Hold

短期投資の
パフォーマンス

112本のインデックスファンド
を購入して持ち続けた場合の
パフォーマンス

出典:Yale School of Management Yale University

　最も優れているのは「パフォーマンスが高くて、マイナスがないこと」。つまり、標準偏差が低いことです。

　これを実現するには、高配当の株だけを購入して「マネーマシン」にするのは間違いだと思います。

「配当が確実に受け取れる」という考え方はメンタルトラップです。配当だけが守られていても、リーマンショックやコロナショックなどの経済危機が起きたとき、投資資産は大きく目減りします。アメリカの株式市場はコロナショックで1カ月の間に約35%、リーマンショックのときは1年半の間で約55%下がりました。なので、配当だけ受け取っても、中長期的にはお金を増やすことはできないでしょう。みなさんはメンタルトラップにかからないよう注意してください。

summary **株価が大きく下がってしまえば、
高い配当を受け取ってもカバーできない。**

給料は上がらないのに税金だけ増えている

　日本政府の借金は GDP 比で世界一です。借金はいずれ返さなければいけない前提でつくられているので、その分の税収が必要です。

　日本の消費税は1989年の3％から現在の10％まで上がっています。一方、過去25年間（1995〜2020年）の名目賃金上昇率はほぼ上がっていません。つまり収入は変わっておらず、消費税の支払いが増えているのです。

　その理由の一つは政府の借金だと思います。政府の借金の多くを持っているのは中央銀行です。発行している日本国債の50％以上を日銀が保有しています。

　他の国と比較しても、日銀の保有割合は非常に高い状態です。借金が多いから日本の財政が破綻するのかといえば、それはないと思います。しかしいまの状態が続けば、その負担はどこにいくのか──私たち国民です。さらに多くの税金を負担しなければならなくなるでしょう。

　その結果、消費は減ると思います。経済活動を活発にするには、消費が必要です。そこで私の意見は、政府の債務を調整してはどうかと思うのです。専門用語ではデット・リストラクチャリング（デット・リストラ）といいます。具体的には、政府が日銀から借りているお金の返済期限、つまり国債の期限を延長するのです。3〜10倍でもいいでしょう。国債を買っているのが海外の国や企業であれば、この方法は難しいかもしれません。しかし、日本の場合は日銀が多くの国債を買っているので可能だと思います。

　現在、金融市場で取引されている日本国債の期限切りを50年、100年に変更してデット・リストラすれば、税金の負担を減らすことができます。また、国民の税金負担が減れば消費をしやすくなって、お金が回ります。

Chapter

4

短期投資

この章では、私が主にウォール街時代に学んだ「チャート分析の手法」を紹介します。 小難しい話に聞こえるかもしれませんが、初心者でも知っておいてほしい基礎知識をお伝えしますので、お金持ちになるための「教養」の一つとして、ぜひこの機会に身につけてください。

34

相場の波に乗れる!
チャートのツボ

The basics of Chart Analysis means Ride the Trend!

　短期投資では、相場の波に乗ることが重要です。相場が上昇するときに「買う」、相場が値下がりするときには「売る」のです。これを投資の世界では「順張り」といいます。

　逆に、相場が値下がりしているときに「安くなった」と考えて買う方法もあります。これを「逆張り」といいます。

　私自身、「逆張り」を何百回も試しましたが、相場の波に乗る「順張り」のほうがリスクリワード（損失と利益の割合）は良くなると考えています。

初心者には「逆張り」より「順張り」がおすすめ

順張り＝相場の波に乗る　　逆張り＝相場の波に逆らう

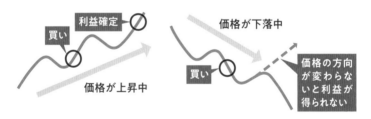

　もう一つの法則は、「大きな波に1回乗るよりも小さな波に10回乗ったほうが利益を確保しやすくなる」という考え方です。

　たとえば、1万円の利益を確保するのにも、1回の投資で得るには、相場が1万円以上値上がりしなければなりません。しかし単純計算でいうと、10回の投資で1万円を確保するなら、1回ずつの利益は1000円でいいことになります。

これは利益率で考えても同じです。1回の株式投資で100％の
リターンを狙うには、株価が2倍にならなければなりません。そ
んなチャンスはまずありませんし、あったとしても時間がかかる
でしょう。

　そうではなく、10回の投資で100％を狙うなら1回の値上が
りは10％で済みます。株価が10％値上がりする確率は株価が2
倍になる確率よりはるかに高いでしょう。10％の利益を10回狙
ったほうが実現する確率は高くなるのです。

　投資回数が多いのは、安全性の面でも有利といえます。10回
の投資のうち1回が大失敗に終わっても、9回の成功で損失をカ
バーできるからです。

1回で100万円より10万円を10回得ることを狙う

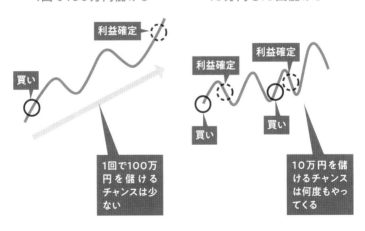

1回で100万円儲ける

10万円を10回儲ける

利益確定

買い

1回で100万
円を儲ける
チャンスは少
ない

利益確定

利益確定

買い

買い

10万円を儲
けるチャンス
は何度もやっ
てくる

summary

1回で100万円儲けるより
10万円を10回儲けるほうがおすすめ。

35

¥

ウォーレン・バフェットの
逆を実行した短期戦略

A short term strategy which was opposite of Warren Buffett

　短期投資というと、「常に PC の画面とにらめっこしながらデイトレードをしなければならない」と思う人もいるかもしれませんが、それは違います。

　私が言っている短期投資は「ポジションを長期的（1年以上）ではなく、数日から数カ月持つ」という意味です。

　ポジションを短期にすればリスクにさらされる時間が短くなる傾向があるため、それを生かして波に乗るのが私の戦略です。

　アメリカの航空会社の ETF「JETS」を使って説明します。

　2020年5月、新型コロナウイルスの感染拡大によって「世界が変わる」として、ウォーレン・バフェットが保有していたアメリカの航空株をすべて売却したと報道されました。

　このとき、逆に私はアメリカの航空株の JETS を買っていたため、YouTube ではたくさんのコメントをいただきました。

　なぜ、私は自信を持って買えたのか。それはチャートを分析した結果、「短期的には上がる」と判断できたからです。結果的に大きな利益を得ることができました。

　私は個別銘柄にはあまり投資しません。理由は、①破綻リスクを報じたニュースの影響で株価が変動することがあるため、②規模の大きな機関投資家が多くの保有銘柄を売ったりすると価格が激しく変動するリスクがある、つまり波を見つけるのが難しいためです。

　なので、私が購入するのは ETF が基本です。ETF への投資だけでも大きなパフォーマンスが狙えます。

ローソク足チャートを見て、1本のチャートのブロックの大きさを確認します。たとえば、価格減少しているときは黒のブロックが大きくなります。黒のブロックが階段状に下がっていくときは危険です。

　逆に白のブロックが階段を上がっていくときにはチャンスです。移動平均線（一定期間の価格から平均値を計算し、折れ線グラフで表したもの）は期間25日に設定しています。日足のチャートなら25日は、約1カ月の営業日の日数である25を表しますので、「約1カ月間の値動きの平均」を意味します。

　単純な戦略でいえば、チャートが移動平均線を下に突き抜けるときは、短期的に下がるトレンドが始まっています。逆にチャートが移動平均線を上に突き抜けるときは、上がるトレンドを意味します。

JETSのチャート（2020年2月中旬〜5月／日足）

出典：Trading View https://jp.tradingview.com/

summary

**有名な投資家の真似をするよりも
チャートを信じて短期投資すべし！**

36

出来高をチェックすれば
売買戦略が見えてくる

Checking the volume helps to determine when to Buy or Sell

　移動平均線の次にチェックすべきなのは「出来高（取引量）」です。出来高は重要な指標で、特に JETS では出来高に注目していました。ウォーレン・バフェットが売ったニュースが出たのは5月くらいでした。実際に売ったのは1〜3月ですが、情報が出たのはこのころです。

　そこで私は出来高を見ました。下がっている日の出来高があまり多くはなかったので、売りはそれほど強くないと認識したのです。逆に価格が上がっている日の出来高は下がっている日より何倍も大きかったので、さらに自信を持ちました。特に5月27日には、大きな出来高になりました。直近1〜2カ月の平均の何倍も大きい出来高でした。これだけの出来高になるということは、「買いたい人が多かった」と予想できます。

　結果、そこから相当上がりました。

　ですから、チャートのブロックの次は出来高をチェックするのがおすすめです。

　その次が「MACD（マックディー）」です。2つの線がクロスするときに価格の方向が変わります。これが最もシンプルな見方です。設定については98ページを参考にしてください。

　最後が「ストキャスティクス」（詳しくは102ページ）。使い方は MACD と似ていて、2つの線がクロスするとき価格の方向が変わります。また、2つの線が網掛けの部分を超えるとき過大評価されている、下回るときは過小評価されていると判断します。

　実際に私が買った4月と5月は、MACD が上昇傾向でした。そのときの出来高を見ると強い傾向を示していました。さらに、ストキャスティクスも上がっていました。これらを考え合わせて良い投資だと思ったのです。

もし短期投資する場合には、ここで紹介しているテクニカル指標をすべて使わなくても大丈夫です。1つでも波を見つけることができます。2つ、3つ使えば理想的です。

　最も簡単なのは、前述した「移動平均線を使う方法」です。チャートが25日の移動平均線の上にあるときは上昇トレンド、下にあるときは下落トレンドと判断します。それに加えて出来高を見る、これが初心者におすすめの戦略です。慣れてきたらMACDやストキャスティクスを追加してください。

　あなたが見ている銘柄、ETF、債券、コモディティ……何でも構いません。そのチャートでトレンドを見つける、短期戦略で投資してみることもおすすめします。

　自分で少しずつ試して自信を持てたら、短期投資の割合を少し多めにしてもいいでしょう。

JETSのチャート（2020年3月下旬〜5月／日足）

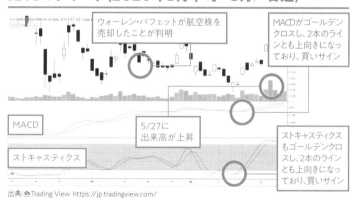

出典：Trading View https://jp.tradingview.com/

summary
**価格が上がったとき出来高が多ければ
買いたい人がたくさんいる証拠。**

37

¥

投資のマスターには
チャートが欠かせない

To master investing, Charts are necessary

投資の方法をマスターするには何が必要でしょうか。

それは、「チャート分析の基本を習うこと」です。私自身にとってもチャート分析は非常に重要なステップでした。

チャートとは、過去の値動きのデータをグラフ化したもの。つまり、「チャート分析＝データ分析」といえます。

単にデータを見るだけでなく、頭の中でグルグル回して、データをどう解釈するか。それはアートにも似ていますが、自分なりの判断の方法を習うのです。

初心者の方であれば、まず「チャートの基本のパターン」を覚えましょう。パターンを見るにはさまざまな方法があります。私が好んで使うのは、「MACD」「ストキャスティクス」「ボリンジャーバンド」の3種類です。

これらの指標は経済データの分析などにも利用できますが、最も役立つのは株式、FX、債券、コモディティの値動きの分析です。金融の世界で使えるものは経済の世界でも使えます。

チャートのパターンを学ぶのに効率的な方法は、チャート分析について書かれた書籍を読むことです。

私は日本の教育をほとんど受けていませんが、20代のときに数多くのチャート分析の本を読みました。重要な部分はノートを取りながら、書籍で学んだのです（当時は紙のノートに書きましたが、いまはコンピュータでメモをとるほうがいいかもしれません）。

では、チャートのパターンとは何か。

ここでは簡単に一例を紹介しましょう。

　たとえば、「ダブルトップ」は、チャートに２つのピークが現れた形で、価格が天井である可能性を示します。下図は日経平均株価の日足チャートです。「日足」とは、１本のローソク足が１日の値動きを表すもの。画面の左側にダブルトップができています。チャート分析の書籍でこうしたチャートのパターンの見つけ方を習うのです。

　そして私にとって特に役立ったツールは MACD です。MACDは大半のチャートツールにも搭載されているので、何を使っても構いません。

　ちなみに私が利用しているツールの一つは「トレーディングビュー」の無料版です。有料のものでも無料のものでも MACD の表示が変わるわけではありません。

チャートパターンの例　ダブルトップ

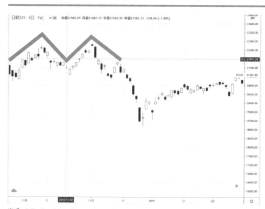

出典：Trading View https://jp.tradingview.com/

summary

チャート分析の書籍を読んで
チャートのパターンを覚える。

38

「MACD」で上昇・下降の
転換点を見極める

Determine a uptrend or downtrend by using MACD

前項に書いたとおり、私がよく使う指標は MACD、ストキャスティクス、ボリンジャーバンドです。

利用する際には「パラメーター」と呼ばれる数値を調整します。

MACD は移動平均線を発展させたテクニカル分析ツールです。ただ、通常の移動平均線とは違います。一般的な移動平均線は一定期間の価格を単純に平均したもので「単純移動平均（SMA）」と呼ばれます。

MACD に利用されている移動平均は、直近の価格を重視して計算した移動平均で「指数平滑移動平均（EMA）」と呼ばれています。直近の価格を重視している分、現在の値動きへの反応が早いのが特徴です。

MACD には、Fast length、Slow Length、Source、Signal Smoothing があります。これはどのチャートツールを使ってもほとんど同じです。

いまは値動きのスピードが速いので、私は次のような設定にしています。

＜現在の MACD の設定＞

Fast length ＝ 8

Slow Length ＝18

Source ＝ close

Signal Smoothing=6

しかし、世界で一般的に利用されているのは、次の設定です。

＜世界でよく使われている MACD の設定＞
Fast length ＝12
Slow Length ＝26
Source ＝ close
Signal Smoothing=9

MACDのパラメーター設定例

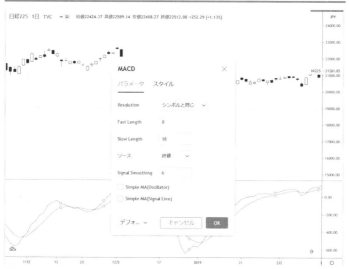

出典：Trading View https://jp.tradingview.com/

Fast length は動きの早い（期間の短い）移動平均線、Slow Length は動きの遅い（期間の長い）移動平均線です。

私はマーケットを見るときによく MACD を使いますが、値動きのスピードに合わせて数値を調整します。そのときは、世界で使われている設定を基準にして、それぞれの数値を同じ比率にし

ます。現在の設定は、12、26、9に約67％を掛けて8、18、6にしています。

　MACDをチャートに表示すると、2つの線がチャートとは別枠に描かれます。そして私は2つの線のクロスを重視します。

　実際のチャート（次ページ）を見てみましょう。

　1の部分でMACDがシグナルを上から下に突き抜けています（デッドクロス）。
　デッドクロスに加え、2つの線が下向きになっている場合は、価格が上昇から下降に転換するサインとなります。実際にチャートで値動きを見ると、上昇から下降へ方向が変わっています。

　一方、2の部分ではMACDがシグナルを下から上に突き抜けています（ゴールデンクロス）。
　このとき、2本の線が上向きであれば、値動きが下降から上昇への転換サインと考えます。実際にチャートは下降から上昇に変わっています。

　MACDの使い方には、ほかにもさまざまなものがありますが、2つの線のクロスを利用するのが最もシンプルな方法です。

MACDの見方

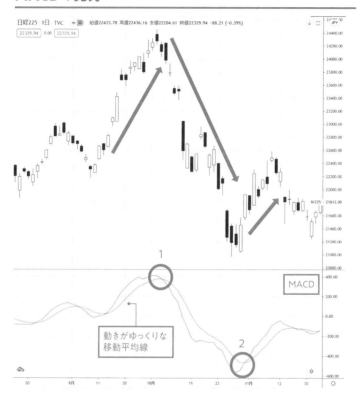

動きがゆっくりな
移動平均線

MACD

出典：Trading View https://jp.tradingview.com/

summary

**2本の移動平均線がクロスしたら
値動きの方向が転換する。**

39

¥ 「ストキャスティクス」で 相場の方向を知る

Understand the market direction using Stochastics

　ストキャスティクスでも、MACDと同様に「２本の線のクロスで値動きの方向の転換を見極める」ことができます。

　設定項目にはK、D、Smoothがあります。一般的には次のような設定になっています。

＜通常時の設定（値動きが激しいとき）＞
　K＝14
　D＝3
　Smooth＝3

　私自身はいま、設定を変えずに使っています。ストキャスティクスはMACDと似ていますが、波が速いのが特徴なので、マーケットが普通のときは、次のように設定します。

＜私がよく使う設定＞
　K＝28
　D＝6
　Smooth＝6

ストキャスティクスの設定方法（NYダウ日足）

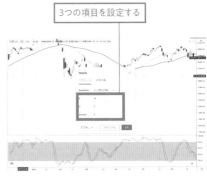

3つの項目を設定する

出典：Trading View https://jp.tradingview.com/

いまはコロナショックの影響で、まだボラティリティが高いので、数値の低い一般的な設定を利用しています。

　ストキャスティクスでは、％Kと％Dの２本のラインが表示されますが、％Kが％Dを下から上に突き抜けるとゴールデンクロス、逆の場合はデッドクロスです。

　ゴールデンクロスは相場が上昇するサイン、デッドクロスは下降するサインと判断します。ただ、ゴールデンクロスしても２本の線が上向きでないときには、まだトレンドが弱いと判断します。一方で、デッドクロスは２本のラインとも下向きでなければ、下げへのトレンドはまだ弱いと判断します。

ストキャスティクスの現在の設定と通常時の設定（NYダウ日足）

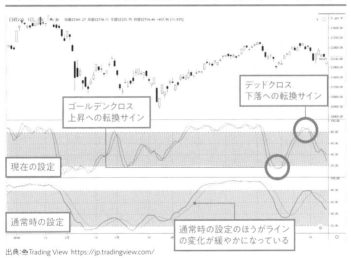

ゴールデンクロス
上昇への転換サイン

デッドクロス
下落への転換サイン

現在の設定

通常時の設定

通常時の設定のほうがラインの変化が緩やかになっている

出典：📈Trading View https://jp.tradingview.com/

summary
ラインがクロスしたときのラインの向きで値動きの強弱がわかる。

40 ¥

「ボリンジャーバンド」は
バンドの突破を参考にする

Bollinger Bands are important when the price breaks the Band

　ボリンジャーバンドは、中央の線と上下のバンドから構成されます。中央の線は移動平均線です。上下のバンドは標準偏差です。ボラティリティ（変動率）が高くなると、上下のライン幅が広がり、ボラティリティが低くなると幅が狭くなります。

ボリンジャーバンドとは（NYダウ日足）

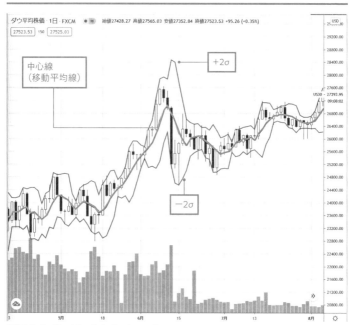

出典：Trading View https://jp.tradingview.com/

私が利用している設定は以下の通りです。比較的短期に設定しています。

＜私の設定＞
パラメーター＝ 20

ボリンジャーバンドは、左ページのチャートのように中心線（移動平均線）とバンドから構成されています。左ページでは、上下の±２σしか表示していませんが、±１σや±３σを表示するケースもあります。私は±２σのみを表示して分析に利用しています。

ボリンジャーバンドは、統計学に基づいて計算された指標で、値動きがバンド内に収まる確率は以下の通りになっています。

＜価格がバンド内に収まる確率＞
・±１σの範囲内に収まる確率　⇒　約68.3%
・±２σの範囲内に収まる確率　⇒　約95.4%
・±３σの範囲内に収まる確率　⇒　約99.7%

つまり、**価格がバンドを突き抜けるのは非常にまれなケースだ**といえます。たとえば、±２σを突き抜ける確率は4.6%です。

summary
チャートがバンドを突き抜けると、
バンド内に戻る確率が高い。

41

「過大評価」か「過少評価」かを判定する「RSI」

RSI shows whether the price is historically overvalued or undervalued

「RSI」は「歴史的に見て価格が過大評価されているか、過小評価されているか」を判断します。ウォール街の人が一般的に利用している設定は次の通りです。

    ＜一般的な設定＞
      期間＝14
      上方の帯＝70
      下方の帯＝30

　私の経験上、RSIは危険な面もありますので注意が必要です。たとえば、RSIが30を下回ったときに、売られすぎだと判断して買っても、さらに下がっていくことがあります。どこまで下がるかどうかわかりません。

　私の使い方の一つは、長い期間で歴史的にどうだったかをチェックします。たとえば、過去5年間にRSIが20未満になったことがなければ、20未満になったとき「買い」と判断するのです。

RSIの使い方（NYダウ日足）

長期のRSIを表示させて
上限や下限を見極める

出典:Trading View https://jp.tradingview.com/

summary RSIは過去の動きの平均を見て
買いどきや売りどきを判断する。

Chapter 5

コモディティ
（貴金属、ビットコイン、原油）

世界のお金持ちは株式だけでなく、不動産
（Chapter 6）、貴金属、場合によってはビットコ
インや原油にも分散投資をしています。他の本で
はあまり取り上げられないこれらのテーマについ
て、本章ではポイントを絞って紹介していきます。

42

金はこれから30年で最も有望な資産

Gold is one of the most important investments for next 30 years

　貴金属の中でも金は「これからの30年間で最も有望な資産の一つ」であり、若い人でも年配の人でも、どこの国に住んでいる人でも、持つべき資産です。

　しかし、みなさんは学校で金の価値について教えてもらったことはないでしょう。アメリカで育った私も、学校では習いませんでした。なぜなら、どの国の政府も金を買うことをあまり勧めていないからです。

　金は古くから世界中で宝物として扱われてきました。その歴史は約5000年に及び、古代エジプトの時代から使われています。世界中のさまざまな宗教で金が使われてきました。日本でもそうですし、特に中国では長く使われています。

金の歴史

約5000年前			現代
古代エジプト時代			

　金は昔からお金としても使われてきました。大きな理由は、人工的につくることができないから。偽造されやすい物は、お金としての機能を果たすことが難しいです。金は供給量が限られているので、希少価値があります。その点で安心して使うことができたのです。

　文化の違いも関係ありません。エジプトとヨーロッパがまだつながっていないときにローマ帝国ができましたが、その時代からお互いに交流がなくても、それぞれの国で金が使われていまし

た。誰もが直感的に金には価値があると気づいていたのです。

　それはいまも変わりません。世界の基軸通貨は米ドルですが、国際標準化機構（ISO）では金、そして銀、プラチナも世界で通用する通貨として認められています。

　世界の中央銀行、特に先進国の中央銀行は金を保有しています。金はお金だからです。つまり、「金とは何？」と聞かれた場合、最も答えとしてふさわしいのは「お金」です。

　そして、昔から多くの人が金を資産として保有しています。

　たとえば、1900年代のアメリカ人の個人ポートフォリオには、金が平均的に5％以上は含まれていました。しかし、いまは1〜5％程度しかありません。多くの個人投資家は金を少ししか持っていないのです。とはいえ、それでもアメリカの個人投資家は金の保有率が高いほうです。アメリカ以外の世界の国、特に日本の投資家はほとんど金を持っていません。

　では、なぜ金に投資すべきなのか。次項から詳しく見ていきましょう。

アメリカ人のポートフォリオ

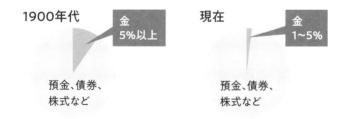

summary

金は約5000年前から希少価値が認められてきた。これからも資産価値は変わらない。

43

インフレになったとき
金は保険になる
Gold is insurance against inflation

日本は特殊な環境にあって、過去30年間ほとんど物価が上がっていません。

私は現在35歳ですが、10歳までの多くは日本で過ごしました。

当時、コンビニエンスストアへ行って、お菓子を買ったときの記憶はいまだに残っています。特に日本のグミは大好きでしたが、そのときと同じ価格でいまもグミを買うことができます。ミネラルウォーターの値段もほとんど変わっていません。

だから日本で暮らしている人は、物価が上がることを忘れてしまっています。「消費者物価指数が上がったら、どんなことが起きるのか？」と考えることもまずないでしょう。しかし下の図を見ていただければわかるとおり、日本でも1970年以降、15年足らずで物価が3倍近く急上昇したのです。

物価が急上昇した歴史もある

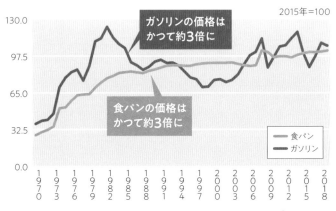

出典：総務省「消費者物価指数」

そして歴史的に見ると、消費者物価指数は遅かれ早かれ上がります。そのとき、もっとも安心で保険の役割を果たすのは金です。物価が上昇すれば、金の価格も上がるからです。

金融危機で株式だけでなく、債券、不動産、商品（コモディティ）、すべてが下がるときがあります。そんなときも現物資産である金の価値は、値下がり幅を抑えられる可能性があります。だからこそ金は最高の保険なのです。

大半の先進国の中央銀行では、国の債務、国債を買っています。そのなかで日本銀行は国の累計債務の50％以上を持っているため、すでに限界に近づいていると思います。国債を買う人がいなくなったとき、価格は暴落するリスクが高くなります。そのときのためにも金を保有するべきです。

リーマンショックの際の金価格の動き（2006〜2012年／月足）

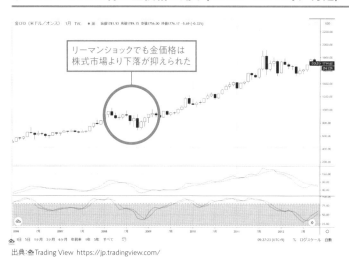

リーマンショックでも金価格は
株式市場より下落が抑えられた

出典：Trading View https://jp.tradingview.com/

summary
リーマンショックなど、
金融危機の際にも金の価格は下がりにくい。

44

金の価格が動く理由を知る

Understand what determines gold price movement

　金の価格を見るときは「米ドル」に対して見ることが大事です。なぜなら米ドルが世界の最も大きな基軸通貨だからです。

　米ドル、ユーロ、日本円……すべてのお金はその国の政府と中央銀行が紙幣としてつくっています。その歴史はいまから約100年ほどしかありません。それ以前は金や銀がお金としてよく使われており、その後に紙幣がつくられるようになりました。そして、現在の最も大きな基軸通貨は米ドルです。

　米ドルがたくさん供給されると、金の価格が上がります。第二次世界大戦後から米ドルが世界の基軸通貨になりましたが、そのときから米ドルの供給と金の価格は、長期的に連動する傾向があります。

　米ドルを供給できるのはアメリカの中央銀行であるFRB（連邦準備理事会）です。

　つまり、金の価格を決めるのはFRBの紙幣印刷量ということ。これは最も大切な点です。FRBがどれくらいマネーサプライ（通貨供給量）を生み出しているかによって金の価格が決まるということです。

　世界の中央銀行の借金が増えていることはさまざまなデータで確認できますが、最も大事なのはアメリカのマネーサプライと金の価格との関係です。

　次ページのチャートは金の価格と米ドルの量を示したものです。分子が金の価格、分母は米ドルの量を示しています。

　このグラフを見ると、金の価格は、米ドルの量に対して歴史的に非常に低い水準だとわかります。

　少し金に詳しい人は「金の価格はずいぶん上がっているじゃないか！」と反論するかもしれません。

金の価格と米ドルの量の関係（1968〜2019年）

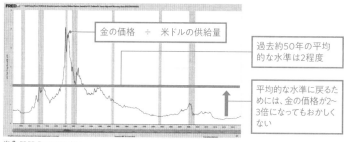

金の価格 ÷ 米ドルの供給量

過去約50年の平均的な水準は2程度

平均的な水準に戻るためには、金の価格が2〜3倍になってもおかしくない

出典：FRED Economic data

金の価格の推移（2000〜2020年7月／ドル建て）

2000年には1オンス＝約290ドル

2020年7月時点で1オンス＝約1900ドル

すでに6倍に上昇！それでも安い理由は？

出典：Trading View https://jp.tradingview.com/

　たしかに2000年には1オンス＝290ドル程度でしたが、2020年7月時点では約1900ドルです。

　それでも私が「金の価格は安い」と考えるのは、FRBが供給しているお金の量が膨大になっているからです。金の価格の上昇よりも何十倍もお金の量が増えているのです。その比率を見ると「金の価格は安い」といえるのです。

summary
金の価格を予測するには米ドルの供給量をチェックする。

45

金の価格が2〜3倍に なってもおかしくない理由

Why gold price could double or triple

　金の価格推移を見ると、1980年代に高騰しています。理由は高いインフレです。金は現物資産なので、物の価格が上昇すると金の価格も上がります。

　金の価格が上昇する前にFRBは多くのお金を供給していました。その結果、インフレになり金の価格が上昇したのです。

　前ページの上図「金の価格とドルの供給量の関係」を見ると、過去約50年間は金の価格1に対して米ドルの供給量は「約2」、つまり2倍程度が平均になっています。

　このことから考えると、ドルの供給量が増えれば金の価格も上昇することになります。

1980年代の金価格

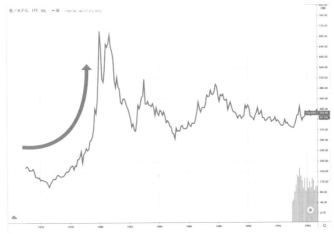

出典：Trading View https://jp.tradingview.com/

最近、金の価格は上昇していますが、それ以上にドルの供給量は増えています。金の価格とドルの供給量が1対2の水準まで金の価格が上昇する可能性はあります。具体的に言えば、「現在の水準から2、3程度に上がってもおかしくない」と私は考えています。

　では、実際に金に投資する場合には何を買えばいいでしょうか。一番のおすすめは現物（コインもしくはバー）を買うことです。それを購入して金庫など、どこか安全な場所に保管しておくのです。もし家に置いておくのが不安であれば、銀行の貸金庫などに預けてもいいでしょう。

金は現物がおすすめ

金の現物を買って、金庫に保管するのが一番安心!

summary 金の価格はいまの価格の2〜3倍、
約5000ドルまで上がる可能性がある。

46

金の現物が難しければ ETFに投資する

If difficult to buy physical gold, buy ETF Gold

「金は現物を購入するのがおすすめ」と前項で書きましたが、現物だとそれなりにまとまったお金が必要ですし、保管コストもかかります。手軽に金を買うという意味では、現物ではなく「金融商品」が有力な選択肢になるでしょう。

金融商品で一番のおすすめはETFです。金のETFは数多くありますが、出来高（取引量）と純資産総額が大きいETFを選びましょう。ボリュームが小さいと一部の投資家の動向によって価格が動いてしまうリスクがあるからです。

最も出来高が大きいETFは、「IAU（iシェアーズ ゴールド・トラスト）」と「GLD（SPDR ゴールド・シェア）」です。アメリカのニューヨーク証券取引所に上場しており、日本の証券会社でも購入できます。

そしてもう一つは「GDX（ヴァンエック・ベクトル・金鉱株ETF）」。これは鉱山会社に投資するETFです。

また、「GDXJ（ヴァンエック・ベクトル・中小型金鉱株ETF）」というETFもあります。Jはジュニアの意味で、GDXよりも少し規模が小さい貴金属会社に投資しています。「GDX」と「GDXJ」のチャートを比較すると、「GDXJ」はまだまだ上がっていないので魅力的な部分もありますが、値動きが大きいのでリスクが高くなります。

値動きが大きなものを望まないのであれば「IAU」や「GLD」がおすすめです。ただチャートを見ると、2012年の高値に届いていますので、現物の金に近い水準まで上がっています。

一方、「GDX」や「GDXJ」は2012年の高値にまだまだ届いていないので、リスク耐性のある人なら少し買ってもいいかもしれません。

私がおすすめしているのは、ここでも「投資商品の多様化」です。「現物」「IAUやGLD」「GDXやGDXJ」の3パートでとらえ、それぞれを少しずつ買うのです。そして購入後は長期で保有して待ちます。

価格も頻繁に見る必要はなく、月1回程度で問題ありません。

おすすめの金ETF

コード	名称	経費率
IAU	iシェアーズ ゴールド・トラスト	0.25%
GLD	SPDR ゴールド・シェア	0.40%
GDX	ヴァンエック・ベクトル・金鉱株ETF	0.52%
GDXJ	ヴァンエック・ベクトル・中小型金鉱株ETF	0.53%

出典:楽天証券　2020年7月6日現在

2020年7月上旬時点の金の価格は1900ドル程度ですが、私は5000ドル程度まで上がると予想しています。

ただし、いつ到達するかはわかりません。5年かもしれませんし30年かもしれません。それでも現在の価格と比較すれば2、3倍になる計算です。

いずれにせよ、金は非常に魅力的な資産の一つです。投資の初心者、上級者問わず保有することを強くおすすめします。

summary 金のETFは「出来高」と「純資産総額」が大きいものを多様化して保有し、長期で運用する。

47

金だけでなく「プラチナ」も資産に加える

Don't only invest in gold, also invest in Platinum

　日本では、「プラチナ＝ネックレスなどのアクセサリー」のイメージが強く、投資商品として意識している人は少数です。

　しかし、プラチナは素晴らしい投資商品です。お金持ちになりたいのであれば、資産にプラチナを加えるべきです。

　プラチナを採掘するには非常にコストがかかります。地下1000メートル以上掘らなければならないこともあるので、人間はほとんど入れません。また高価な機械を使う必要があり、採掘が非常に難しいときもあります。

　プラチナが注目され始めたのは18世紀。ずいぶん昔に発見されたと思うかもしれませんが、金は約5000年前から、銀も数千年前から使われています。それと比べてプラチナは500年も経過していないので、非常に新しい貴金属だといえます。

　プラチナは化学元素の一つで、金や銀と同様、希少性の高い元素です。埋蔵量は金と近いですし、その約80％が南アフリカにあります。したがって、金と同じぐらい希少性が高いといえます。

　プラチナのチャートを見ると、2008年に価格のピークを迎え、リーマンショックで80％ほど下がり、その後は回復しています。そして2011年にピークを迎えたものの、以降はずっと下降傾向にあります。直近の値動きを見てみると、コロナショックで株価が下がったとき、同様にプラチナの価格も下がっています。

　私が着目しているのは、出来高（取引量）が増えたタイミングです。最近は価格が下がったときよりも上がったときのほうが出来高は大きくなっています。これは買いたい人が売りたい人を上回っていることを意味するので良いサインです。

プラチナの価格推移（2007〜2020年）

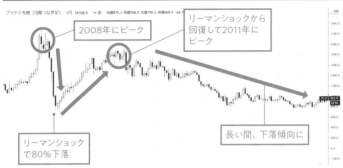

プラチナ先物（当限つなぎ足）　1月　NYMEX　＝⊕　始値875.3 高値908.9 安値790.5 終値809.9 -64.7

2008年にピーク

リーマンショックから回復して2011年にピーク

リーマンショックで80％下落

長い間、下落傾向に

出典：⊿Trading View https://jp.tradingview.com/

直近（2020年2月下旬〜6月末）のプラチナの価格推移

プラチナ先物（当限つなぎ足）　1日　NYMEX　＝⊕　始値807.7 高値812.1 安値793.8 終値809.9 +7.2 (+0.90%)

コロナショックで下落

出来高が増えたときに価格が上昇

出典：⊿Trading View https://jp.tradingview.com/

---

summary

**プラチナに投資するときは
出来高が増えたタイミングに注目。**

48

プロは「金とプラチナの 価格の比率」を見ている

Professionals look at the ratio between platinum and gold

　プラチナの価格を分析する際には、「他の貴金属との比較」がおすすめです。貴金属は金、銀、プラチナ、その他に分かれます。これらは、価格も連動して動くケースが多いといえます。

　直近の金と銀の価格を見ると、コロナショックで下がった後ほぼ回復しています。そのため、「プラチナもコロナショック以前の水準まで遠からず回復するのではないか」と予想しています。

　また世界のお金持ちのなかには、金とプラチナの比率をチャートにして投資をしている人もいます。

　たとえば、プラチナを買って金をヘッジ目的で売っています。実際に金とプラチナの価格の比率のチャートを見てみると、コロナショック以前は金と1対0.65程度でしたが、コロナショックでプラチナの価格が下がり1対0.4程度になりました。つまり、プラチナの価格が金の半分以下になったということです。

金とプラチナの価格の比率（2019年12月～2020年6月）

コロナショック以前は金とプラチナの価格の比率は1:0.65程度

コロナショックでプラチナの価格が下がり、金とプラチナの価格の比率が1:0.4に

出典：Trading View https://jp.tradingview.com/

　さらに長期のチャートを見ると、過去30年間で金とプラチナの価格の比率は平均して1：1.1程度です。現在は金価格の半分

程度になっていますので、非常にプラチナが安いと考えられます。歴史的に見れば、プラチナの価格は1に戻る可能性が高いでしょう。

プラチナに投資するなら、金と同様にETFがおすすめです。

たとえば、「PPLT（フィジカル・プラチナム・シェアズ）」というETFがあります。ただし、出来高は小さいので毎月少しずつ買いましょう。そして金との価格の比率が0.7〜1に戻るまでじっくり待ちます。

経験のあるトレーダーなら、短期的に売買するのも一手です。短期的な売買では先物を利用して売買を行い、加えて長期投資用として、毎月少しずつETFを買っていくといいでしょう。

レバレッジを利用して株式などの取引が可能な「CFD」でもプラチナの取引が可能ですが、先物と比較して手数料が高いため、私はあまりおすすめしません。

プラチナのETF PPLTのチャート（2019年12月〜2020年6月）

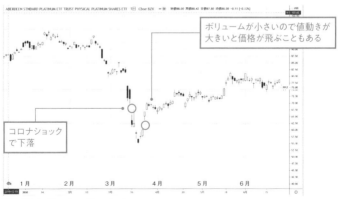

出典：Trading View https://jp.tradingview.com/

summary

**プラチナは金の価格と1:1になるまで
上昇する可能性が高い。**

銀の需要と供給を知る

Understand the demand and supply of silver

　金やプラチナなどと比べると、銀は値動きが激しいものの、これから最も値上がりが期待できます。長期的に素晴らしい投資商品といえるでしょう。

　銀は化学元素の一つで、金と同じように何千年も前から利用されています。たとえば4世紀には、コインの素材として使われ、紀元前15世紀のエジプトでも使われていたという古い歴史があります。しかも銀の価格は、金の価格を超えたこともありました。ところが現在は、銀よりも金のほうが100倍以上高い価格になっています。

　銀の世界データを集めている「シルバーインスティチュート」によると、銀の供給の約80％は鉱山、約15％はリサイクルになっています。そして需要を見ると、カメラによく使われており、写真関連が約30％を占めています。また、電気製品やジュエリーにも使われています。投資用にも約20％使われています。

　注目すべきなのは、銀はさまざまな用途にバランスよく使われていることです。金はほとんどが投資用に使われていますので、その点が銀と金の違いになります。

　さて、ここで面白いチャートを紹介しましょう。右ページのチャートは「ゴールドシルバーレシオ」と呼ばれるもので、「金の価格は銀の価格の何倍にあるか」を示しています。現在のゴールドシルバーレシオはおよそ95倍です。

　過去20年で見ると、これは最大の割合です。銀に投資をしている人は、このチャートを見ていて80を超えたら買い時だと思っていたはずです。

　なぜなら歴史的に見て、金の価格は銀の価格の約80倍以上に

はならなかったからです。2003年、2008年、2016年に金は銀の約80倍の高値になっており、その後は倍率が下がっています。つまり、銀の価格が上昇した可能性があるのです。

コロナショックの前に80を超えたところで投資をした人もいると思いますが、コロナショックで比率はさらに上がってしまいました。コロナショックでは、金の価格はそれほど下がりませんでしたが、銀の価格が大幅に下がったからです。

コロナショック以前は80倍のレジスタンスライン（上値抵抗線）を超えることはほぼないと思っていましたが、それを超えてしまった。だからこそ今は銀の買い時といえるのです。

ゴールドシルバーレシオの推移

※チャートが上にいくほど金が買われていて、下にいくほど銀が買われていることを示す。
出典：Trading View https://jp.tradingview.com/

summary
**銀の買い時を見極めるときには
「ゴールドシルバーレシオ」が参考になる。**

50

銀の価格が2倍になる理由

Why silver price will double

　今回のように金の価格が極端に上下しているときには、ストップロスがかかっている可能性が高いと思います。

　銀の投資家は「ゴールドシルバーレシオが80を超える可能性は低い」と思って銀を買っていましたが、実際に超えてしまったため、諦めて「銀を売って金を買っている」という投資家もいるでしょう。

　こういうときは多くのトレーダーが損をしているので、新たに投資するには絶好のタイミングといえます。競争する相手が少なくなっているからです。

　私は銀の価格がこれから約2倍になると予想しています。これは金の価格が上がらなくても、おおよそ100年間の歴史的な平均値である約50に戻れば、銀の価格は約2倍になるからです。

　同時に、金の価格も5000ドルまで上がると考えています。理由は前述したとおり、マネーサプライが非常に増えているからです。歴史的に見て、お金の量が増えると金の価格は上がります。

　仮に金が5000ドルまで上がり、ゴールドシルバーレシオが50まで戻れば、銀の価格はとてつもなく上がることになります。

　金が5000ドルになれば銀は100ドルになる計算ですので、いまの価格からすれば5倍です。そこまで上がるかはわかりませんが、少なくとも2倍程度には上がると予測しています。

銀と金の価格の関係

現在	金価格が5000ドルになりゴールドシルバーレシオが50になると…
金価格　1800ドル ⬍ 約95倍 銀価格　18.5ドル	金価格　5000ドル ⬍ 約50倍 銀価格　**100ドル**

では、銀に投資するにはどうすればいいのでしょうか。

おすすめは現物のバーを買うことです。

ただし、銀は金よりも変動率が高いという特徴があります。

特に下がるときには、金よりも高い比率で下がるため、そのリスクをストレスに感じるならば、バーではなくコインを選びましょう。

コインの値段が高くて購入できないのであれば、ETFで買うこともできます。私のおすすめは「SLV（iシェアーズ　シルバー・トラスト）」です。

理由は金のETFと同じく、出来高と純資産総額が銀のドル建てETFでは一番大きいからです。歴史的に見て銀の価格と連動していて、手数料もそれほど高くありません。純資産総額が大きければ、投資マネーが入ってきても価格が操作されません。

もう一つは、銀の鉱山会社の株式です。もちろん個別の会社になると銀以外のリスクも発生します。決算や経営陣、マネジメントなどの影響を受けるからです。

ただ、リスクは必ずしも悪いものではありません。ハイリスクはハイリターンの裏返しであり、他の商品でバランスを取れば投資する価値はあるともいえるでしょう。

なので、「現物（バー、コイン）」「ETF」「鉱山会社の株」と多様化させて買うのが理想的です。分散しながら金と同様に毎月少しずつ5〜30年間、買っていくことをおすすめします。

summary

**コイン、ETF、鉱山会社の株式に分散して
少しずつ買っていくのがおすすめ。**

51

ビットコインのトレンドを
読み解く
Understand the trend of Bitcoin

　ここ最近、ビットコインはあまり話題になっていません。しかし投資の世界では、「世間的に話題になっているときに投資するのはリスクがある」という原則があります。逆にいうと、話題になっていない時期はチャンスの可能性があるということです。

　投資はとても競争が激しい世界です。基本的に、勝った人がいれば負けた人がいるゼロサムゲームです。人気が過熱しているときは、厳しい勝負になる。それを常に覚えておかなければなりません。

　ビットコインの歴史を振り返ると、最も盛り上がったのが2017年の12月。2万ドル近くまで上がり、そこから下がり続け、3000ドル近くまでになりました。

　過去のMACDを見ると、2017年にラインがデッドクロス（短期の移動平均線が、長期の移動平均線を上から下に突き抜ける現象）して「売り」のタイミングであることを示しました。また2019年にも同様にデッドクロスが発生し、「売り」のサインを出していました。

　逆にいまはゴールデンクロス（短期の移動平均線が、長期の移動平均線を下から上に突き抜ける現象。買いサイン）し、しかも2本のラインが上向きになっています。

　私自身は過去にビットコインをはじめとする暗号通貨の取引をしていましたが、いまはしていません。ただ、歴史が短いので分析が難しいところですが、資産の一部でビットコインを持つ意味はあるでしょう。

　いまは世界中の国の政府の借金が膨らんでいます。そんなときには、政府以外の発行する通貨を持つことはリスクヘッジにつな

がります。

　仮に資産の30％をコモディティで持つなら、金15％、銀５％、プラチナ５％、ビットコイン５％の割合をおすすめします。ただもちろん、最終的にはご自身で判断してください。

ビットコインのチャート（2017年7月〜2020年6月／週足）

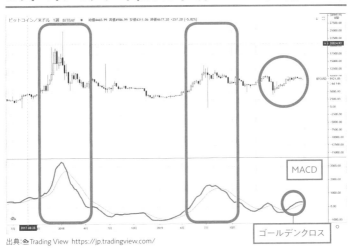

出典：Trading View https://jp.tradingview.com/

コモディティ部分のポートフォリオの例

summary

各国の債務が膨れ上がっているいまは、
資産の5％程度でビットコインを持つ意味はある。

Chapter 5　コモディティ（貴金属、ビットコイン、原油）　　127

52

オイル投資のチャンスを見極める

Find the opportunity to invest in Oil

コロナショックの中、2020年4月下旬に先物の原油価格がマイナスになりました。その後も低い水準が続いているので「投資すべきだろうか」と考えている人もいるかもしれませんが、私はまだ危険だと思っています。オイル（原油）への直接投資をするのではなく、原油関連の企業の株式を買う方法もありますが、それもまだリスクがあると判断しています。

まずはオイルの先物のチャートを見てみましょう。

日足のチャートを見ると、1日だけマイナスになっているのがわかります。4月20日に一時的にですが、オイルの価格が数時間程度、マイナスの価格になりました。これはビッグディール（重大事件）として、世界中のメディアが報道しました。

先物の取引には期限があります。これを「限月」といいます。たとえば、5月が限月であれば5月末までに取引を終えなければなりません。オイルに投資を続けたい人は、どこかのタイミングで6月が限月の先物などに乗り換える必要があります。

オイルの先物のチャート（2020年1~6月／日足）

価格ゼロのライン

4月20日、一時的に▲40ドルに

出典：Trading View https://jp.tradingview.com/

一般的に期限が迫った先物より、期限が先の先物のほうが価格は高いので、乗り換えると損をすることもあります。加えて、このときはオイルの価格が下がっていたので、投資家はギリギリまで乗り換えを様子見していたと思います。そうした投資家が数多くいたのですが、ギリギリのところで一気に売却したために、一時的に価格がマイナスになったのでしょう。

　一般的な投資商品では、価格が上がるときより、下がるときのほうがボラティリティ（価格の変動率）は高くなります。オイルも同じで、マイナスになったときに変動率が大きくなりました。

　ボラティリティのチャートを見ると、3月9日に大幅にボラティリティが上がっています。「サウジアラビアとロシアが供給制限をやめる」というニュースが出てオイルの価格が下落したのです。価格は需要と供給で決まるので、産油国は価格を維持するために供給制限をしていました。その供給制限をやめるというニュースが出たので価格は下落。結果、ボラティリティが上がったのです。

オイルのボラティリティチャート（日足）

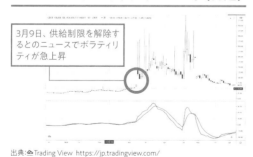

3月9日、供給制限を解除するとのニュースでボラティリティが急上昇

出典：⚓Trading View https://jp.tradingview.com/

summary
**ボラティリティが上がったときは
要注意。**

53 オイル価格と米ドルの関係を知る

Understand the relationship between Oil and US Dollar

　オイルに限らず金、銀、穀物などコモディティのほとんどは、米ドル建てで取引されています。中国あるいは他の国も取引所をつくって自国通貨建てで取引をしていますが、世界のほとんどの取引は、米ドル建てです。したがって、コモディティの取引をするときには、米ドルの動きを見ることが重要です。

　そして長期的に見ると、米ドルとコモディティとはよく逆相関します。つまり、米ドルが上がるときはコモディティが下がり、米ドルが下がるとコモディティは上がります。常にではありませんが、そういう傾向があるのです。

　米ドルが下落トレンドにあるときには、コモディティにとって有利になることもあります。米ドルが下がっているときは、インフレ傾向が高いときが多く、物価が上昇しているのでオイルや穀物などのコモディティが上がるのです。

　そこでチェックしてほしいのが「DXY」です。これは「ドルインデックス」と呼ばれるもので「主要通貨に対するドルの強さ」を示した指数です。円、ユーロ、スイスフラン、英ポンド、スウェーデンクローナの5つの通貨の為替レートに基づいて決められています。

　そして、ドル／円、ユーロ／ドルなど先進国の為替レートを見ると、DXYと同じような動きをしています。その意味でとても重要なチャートです。

　オイルの価格を見るときにも、DXYは重要です。

　たとえば、2020年3月中旬にDXYが上がり始めたときに、オイルは下がり始めました。

　さまざまな理由がありますが、米ドルが上がるとやはり原油が売られる傾向があります。それだけではなく、このときには株式

市場が暴落して売られているときでした。そして、アメリカも日本も世界中がドル不足になっていました。

　世界の流通準備通貨の約6割が米ドルなので、ドル不足になるとオイル価格が下落し、DXYが上がる傾向があるのです。

DXY（ドルインデックス）の推移

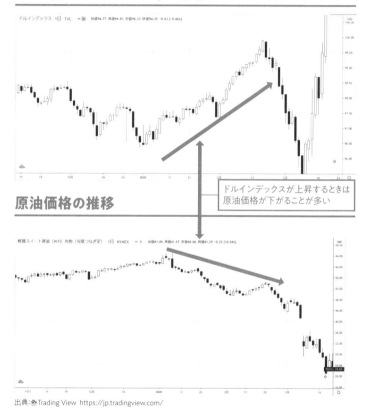

ドルインデックスが上昇するときは
原油価格が下がることが多い

原油価格の推移

出典：Trading View https://jp.tradingview.com/

summary
**DXYが下がればオイルが上がり、
DXYが上がるとオイルが下がることが多い。**

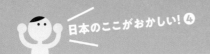

10〜19歳の死亡原因のトップが自殺

　日本社会でとても残念なことの一つに自殺率があります。OECD のデータによると、日本の自殺率は過去20年間、世界2〜3位で推移しています。

　私は日本で自殺がこれだけ多く、社会問題になっていることを知りませんでした。

　加えてショックだったのは、2018年のデータで15 〜 34歳の人の死亡原因で最も多いのは自殺であるということです。これはG7の中で日本だけです。

　さらに、2017年のデータでは10 〜 19歳でも死亡理由のトップは自殺です。この年代はまだ子どもです。にもかかわらず自殺が多いのは、社会に何か問題がある証拠ではないでしょうか。

　これをどうにかしなければなりません。

　そこで過去のデータも調べてみましたが、日本は経済が悪化しているとき、たとえば、バブル経済がはじけた1990年代、とても自殺率が上がっています。そのときは世界トップになってしまいました。

　自殺した理由で多いのは「失敗」ではないでしょうか。私も日本に戻ってきて「失敗」できないプレッシャーがとても強いことを感じました。

　私は「失敗」を恐れるべきではないと思っています。あなたがもし誰かから「失敗してはいけない」と言われたら、その言葉を信じないでください。失敗を重ねながら学んで、未来の強い社会をつくっていくのです。

Chapter

6

不動産

世界のお金持ちの多くは「不動産」に投資をしています。大きな理由は価値が下がりにくく、融資を使えるから。日本でも不動産投資を行うビジネスパーソンが増えていますが、資産形成の手段として不動産投資は今後さらにメジャーになると思っています。

54

不動産は頻繁に価格を見る必要がない

Real Estate is beneficial as you don't need to frequently watch the price

　私が個人的に好きな投資対象は、不動産と貴金属です。不動産の世界にはプロがたくさんいますが、私が実践していることで他の投資家と少し違うのは、さまざまな国で不動産を購入していることです。

　アメリカでも何度も投資しましたし、マレーシア、ベトナム、インドネシアでも経験があります。シンガポールでは投資していませんが、4年間住んで現地の様子はおおよそわかっているので、ブローカーに協力してもらいながら情報収集をしています。

　世界のお金持ちも不動産には積極的に投資しています。お金持ちが不動産を好きな理由の一つは、**価格を頻繁に見る必要がない**からです。

　株式や債券は時に値動きが激しくなるため、ストレスを感じてしまいます。ヘッジファンドを運用しているときは、お客さんと夜中の2時、3時まで電話していることもありました。「ダン、なぜ価格が動いているの？」とよく聞かれました。みんなストレスを感じていたのです。

　もちろん、**不動産の価格も動きますが、常にチェックしている必要はありません。**

　また、土地はどんなに価格が下がってもゼロになることはほぼないのです。他の金融商品はゼロになることもあれば、マイナスになることもあります。

　しかも金融機関からの融資を利用することで、少ない資金で物件を買うこともできます。

私が最初に買ったコネチカットの物件は5つのベッドルームがある戸建て（次項参照）で、それを大学の人たちに貸しました。底値で買ったのでとても良い投資になりました。

　私がコネチカットで不動産投資をすることになったきっかけ、底値で購入できた理由などは次項で紹介します。

株式市場と不動産市場の違い

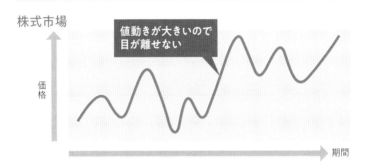

株式市場

価格

値動きが大きいので目が離せない

期間

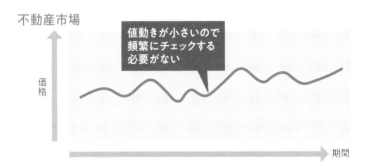

不動産市場

価格

値動きが小さいので頻繁にチェックする必要がない

期間

summary
**土地の価格は下がっても
ゼロになることはほぼないためリスクが低い。**

55

不動産は安全で
リターンが高い投資!?

Real Estate can be safe with high returns

　私が不動産投資を始めたのは2010年（24歳）のこと。19歳のときにウォール街でインターンを始めて、21歳でプロフェッショナルとして入社したのですが、すぐにリーマンショックが起きました。

　そのとき何冊も本を読んで、不動産投資に興味を持ちました。

　なぜなら、歴史的に大きな財産を築いた人の多くは、銀行からお金を借りて不動産を買っていることを知ったからです。

　ただ当時は働き始めたばかりで、手元資金があまりなかったので、すぐに投資を始めることはできませんでした。

　お金を貯めながらチャンスをうかがい、2009年に株式市場が底を打ったタイミングで本格的に不動産を探し始めました。

　5歳年上の先輩が5〜10戸保有する不動産のプロだったので、彼のおすすめを聞きました。彼が保有している近くの物件を見せてもらい、高い家賃収入を得られることを知りました。

　場所はニューヨークの近くにあるコネチカット。ニューヨークからは電車で50分ほどの距離です。

　そして、2010年に最初の不動産を買いました。いまでも鮮明に覚えています。運良くマーケットが底に近いときに買ったので、その後の3〜5年で価格は50％ほど上がりました。

　購入するときにローンを利用していたので、実際に投資した金額は物件価格よりはるかに少ない金額でした。それでも投資資金は3〜5年で約3倍になったのです。

最初の不動産投資

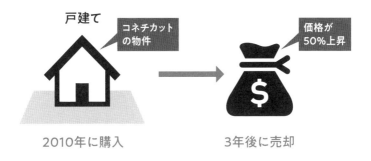

戸建て

コネチカット
の物件

2010年に購入

価格が
50%上昇

3年後に売却

　そのとき、思いました。
「こんなに簡単にお金を３倍にできて、しかも安全性が高い」
　戸建ての物件で土地も付いていましたし、家賃の利回りも約
12％ありましたので、とても良い投資でした。
　そこからベトナムやインドネシア、マレーシアなど東南アジア
に行って、不動産投資をしました。

　私は日本国籍を持っていますが、日本ではまだ不動産投資をし
たことがありません。これからはチャンスが来ると思うので、日
本でも不動産投資を考えています。

summary
歴史的に見てお金持ちは、
銀行から融資を受けて不動産を購入している。

56

おすすめは「戸建て」投資

My recommendation is Real Estate that includes Land

　不動産投資は大きく2つのカテゴリーに分かれます。住宅（レジデンシャル）と商業施設（コマーシャル）です。他にもさまざまなものがありますが、代表的なのはこの2つです。

　住宅にはさらにマンション、アパート、戸建てに分かれます。一方、商業施設にはオフィスビルや物流施設、工場、ホテルなどがあります。

不動産投資のカテゴリー

　これまで私が知り得た経験だと、商業施設のほうが景気変動の影響を受けやすいといえます。景気が悪くなると、商業施設もそれに反応して価格が下落するということです。特に小売店、工場、ホテルはその影響を受けやすい傾向があります。

　住宅では、マンションやアパートは一戸当たりの土地の面積が戸建てよりも非常に小さいのが特徴です。

　戸建てかマンションかで迷う人もいると思いますが、投資として考えるなら戸建てが有利というのが世界的な認識です。基本的に、戸建てのほうが土地の面積が大きいからです。

マンションはごく限られた土地の所有権しかありません。いまは土地の価格が下がっているとしても、10年、20年先には上がっているかもしれません。そのときに有利なのは、土地の面積が広い戸建てです。

もう一つ、戸建てが有利である理由として、供給の問題があります。戸建ては土地がなければ戸数を増やすことはできませんが、マンションは違います。

マンションの場合、同じ土地の面積でも高層化するなどによって、供給戸数を増やすことが可能です。供給が増えれば価格が上がりにくくなることもあります。この点でも、不動産投資をする際には戸建てが有利だと考えています。

不動産の供給の特徴

戸建て

戸建ては土地付きなので供給は増やしにくい

アパート、マンション

アパート、マンションの多くは戸建てよりも土地面積が狭くなるため、供給を増やしやすい

summary
土地は供給を簡単に増やせないので土地を持っていたほうが安全。

57

株式市場が底打ちした2年後に不動産市場が動く!?

Real Estate moves with a 2 year lag to the Stock Market?

　アメリカにはさまざまなデータベースがありますが、私が特に好んでよく見ているのは「FRED」のデータです。

　アメリカには、中央銀行であるFRBの支店的な役割を果たす連邦準備銀行が12あります。そのうちの一つ、セントルイス準備銀行が運営している経済統計データサイトがFREDです。

　FREDでアメリカの歴史的な住宅の平均価格（ハウスプライス・インデックス）を見ると、2008年に始まったリーマンショックによる景気後退は2009年まで続きました。

　その後、住宅価格が本当に下がり始めたのは2011年末から2012年初めです。相当な遅れがありました。

　このときの株式市場を見ると、2009年の3月に底をつけています。つまり、不動産価格が底をつけたタイミングとは約2年半のズレがあったのです。この点は非常に面白いと思います。

FREDのハウスプライス・インデックス

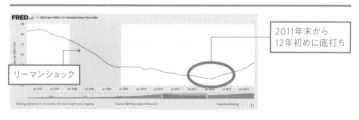

リーマンショック前後のNYダウの動き

出典：Trading View https://jp.tradingview.com/

次に日本も見てみましょう。日本の住宅価格は2013年に底をつけ、アベノミクスで本当に上がり始めたのが2014年です。同じ時期の日経平均株価を見ると、上がり始めたのは2012年末からでした。ここでも遅れが1〜2年間あったことになります。

　このように、不動産市場は株式市場の後に動くことが多いのです。同じ時期に動くときもありますが、直近の景気後退を見るとアメリカ、ユーロ圏、日本ともに不動産価格の上昇は、株式市場の上昇の約2年後に始まる傾向があるといえます。

日本の住宅価格指数

2014年に本格的な上昇を始める

出典:tradingeconomics.com

アベノミクス前後の日経平均株価の動き

アベノミクスで株式市場が上昇を始めたのは2012年の年末から

出典:Trading View https://jp.tradingview.com/

summary

アメリカ、日本ともに不動産市場は株式市場に遅れて動く。

58

不動産投資で欠かせない
3つの経済指標
3 Important Economic indicators for Real Estate

アメリカの不動産市場は世界最大です。ここでのお金の動きは世界に影響を及ぼします。アメリカの不動産市場を見るときに重要な指標が以下の3つです。

❶ NAHBハウジングインデックス（NAHB住宅市場指数）
❷ エグジスティングホームセールス（中古住宅の販売戸数）
❸ ニューホームセールス（新築住宅の販売戸数）

❶ NAHBハウジングインデックスを見ると、直近で底を打ったのが2011年です。それに関連してNYダウで底を打ったのは約2年前の2009年3月です。
　つまり、ここでも「株式市場が動いてから不動産が動く」ということがいえるのです。

米国 - NAHB住宅市場指数

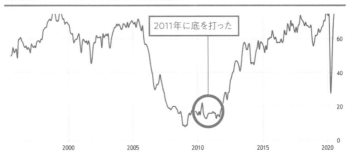

出典：tradingeconomics.com

❷エグジスティングホームセールス（中古住宅の販売戸数）を見ても、リーマンショックと同じ水準まで下がっています。

そして、❸ニューホームセールス。不動産の世界では、新しくできた物件と中古物件では重要度が違います。価格も違いますし、マーケットも違うのです。

新築物件の場合、価格は経済に連動します。結果的に変動率が高くなります。中古物件の場合は需要によりますが、新築よりも経済の影響を受けにくい傾向があります。

また新築物件は、不動産市場の上昇が終わり始めるタイミングで供給が急増するのが一般的です。

この数年間にも特にマンションがたくさんつくられました。私が投資したベトナムでも供給が膨らんできたので、危険だと思って購入した1年後に売却しました。

なお、ニューホームセールスとエグジスティングホームセールスのデータは毎月公表されます。

米国 - 中古住宅販売戸数

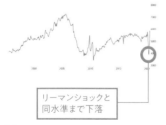

リーマンショックと
同水準まで下落

出典:tradingeconomics.com

米国 - 新築住宅販売戸数

出典:tradingeconomics.com

summary　新築物件は価格上昇の終盤で
供給が急増することが多い。

59

コロナショック後に不動産投資のチャンスがくる!?

There may be a chance to Invest in Real Estate after the Coronavirus Shock?

　不動産投資の際に、株式市場の動きとのズレをどう考えるか。株式市場と住宅価格のチャートを見れば明白です。

　今回のコロナショックで株式市場が底をつけて上がり始めたとき、それが不動産を買うチャンスかもしれません。

株式市場と不動産市場の関係

	株式市場の底打ち		不動産市場の底打ち
アメリカ (リーマンショック)	2009年	2年半 ➡	2011〜2012年
ユーロ圏 (ヨーロッパショック)	2012年	約2年 ➡	2014年
日本 (リーマンショック)	2012年	1〜2年 ➡	2013〜2014年

　もし不動産投資をするのであれば、確実に株式市場の底が見えて、新しい上昇サイクルに入り始めたときを狙うべきです。

　マーケットは不動産でも株式でも債券でも商品でも、人々の感情・期待値で動いています。ですから、いまは期待レベルが高いと思います。

　私の予測では、リーマンショックのサイクルで不動産投資をして利益を得た人はたくさん存在するため、彼らは今回もっと早く動くはずです。だから、これまでのように約2年間の遅れが生じる可能性は低いと予想しています。

株式市場がいつ底を迎えるのかはわかりませんが、IMF（国際通貨基金）は世界のGDP成長率について最悪の予測をしています。仮に今後もっと早いタイミングで底が来るとすれば、いまから情報収集を始めておいたほうがいいでしょう。

　不動産を買うのは時間がかかります。良い立地の物件を見つけなければいけないですし、見つかってもそこから交渉が始まります。現地にも行かなければなりません。いまから始めて半年ぐらいのリサーチを経て、自分で勉強しながら実践していくのがいいでしょう。

リーマンショックとコロナショックの違い

リーマンショック	⟶	コロナショック
株式市場の底から不動産市場の底までの期間は1~2年半		リーマンショックで儲かった人が早めに動く可能性が高いので、不動産市場の底は、早くやってくる

summary　**不動産投資でチャンスをつかむには、
いまから情報収集を始める。**

60

日本の不動産が チャンスである理由

Why Japanese Real Estate is a good opportunity

日本での不動産投資は未経験ですが、ここ1、2年はデータを見ています。国土交通省の不動産価格指数を見ると、2010年を100としてどれくらい上がっているかがわかります。

マンションは平均50%程度上がっていますが、戸建てはほとんど動いていません。東京に限れば大きく動いていますが、郊外や地方はほぼ動いていなかったり、場所によっては下がっているので、全国で見ればマンションほどの動きは見られません。

日本の不動産価格指数（住宅）

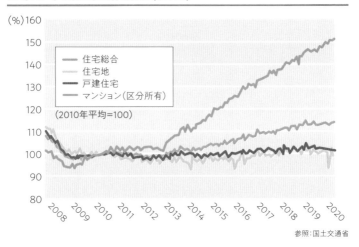

参照：国土交通省

もう一つ紹介したいのは「不動研住宅価格指数」。東京エリアだけですが、首都圏では東京が最も上がっていて、他はあまり上がっていません。

不動研住宅価格指数の推移（2000年1月＝100）

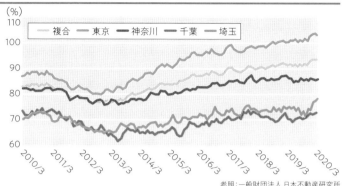

参照：一般財団法人 日本不動産研究所

　さらに長期で見ると、日本の不動産市場は1990年代の価格を回復していません。このような状況は、先進国では日本以外に見たことがありません。私はこの事実だけでも「**日本の不動産マーケットはチャンス**」といえると思っています。

　次に、日本人が見つけにくい海外のデータを紹介します。「CPI住宅用ユーティリティ」です。

　「CPI住宅用ユーティリティ」は、毎月支払っている電気料金などの公共料金を指数化したもので、**不動産の価格と一緒に動くのが一般的**です。これを見ると、日本の不動産価格を予測するのに役立ちます。

　この予測を見ると、いったん下がりますが、すぐに回復することになっています（スペースの都合上、図は割愛しましたが、気になる方はぜひご自身で調べてみてください）。ですから、リーマンショックのときとは違う戦略で早めに投資しないと間に合わないでしょう。

---

summary

日本は90年代の価格を回復していない唯一の先進国。まだチャンスがある。

61

マイホーム購入は「投資」と考える

Buying your personal residence is an Investment

　世界のお金持ちは自分の支出を十分に管理しています。206ページで詳しく解説していますが、特に住居費は負担が重くならないように計算しています。

　そして、早い段階で住宅を購入しているケースが多くあります。私の周りでも家賃を支払っている人はほとんどいません。なぜなら、住宅の購入も投資と考えているからです。

　そして自宅以外にも2つめ、3つめの住宅を購入し、賃貸に出して家賃収入を確保します。その家賃で自宅のローンの支払いができれば、固定費を圧縮することが可能です。

私の友人たちの不動産投資

| 自宅 | 投資用物件 | 投資用物件 | 投資用物件 |

ローン・維持費　←　家賃収入　←　家賃収入　←　家賃収入

2つ、3つと投資用不動産を購入し、得られる家賃収入で自宅の住宅ローンや維持費を賄う。

日本では、過去30年実質賃金がほとんど変わっていません。つまり、30年も給料が上がっていないのです。これは先進国だけでなく、世界中の国を見渡しても他に例がないほど特殊なことです。そのため消費者物価指数も上がらず、不動産の価格も海外と比較すると、それほど上がっていません。

　となると、若い人たちの中には住宅を買いたいと思う人は少ないでしょう。

　さらに、1990年代に住宅を買った人のなかには価格が下がってしまっているケースもいるので、投資目的で不動産を買いたいと思う人も少ないのです。

　海外の場合は、「買ってから一時的に価格が下がったとしても待っていれば回復する」という考え方が一般的です。これが日本と大きく違うところです。そのため、日本では自宅を購入せずに賃貸で暮らすのもいいという意見もあります。

　実際、「日本はこれからさらに人口が減っていくので、土地の価格もどんどん下がっていくだろう」と考えている人も多いでしょう。

　たしかに、人口と土地の価格は相関性が高いです。しかし、東京周辺に限っていえば、人口密度は非常に高く、世界の都市と比べても圧倒的です。

　だから、20〜50代で東京などの人口が集中するエリアに住んでいるのであれば、住宅を買うのは良い選択だと思います。

　日本の住宅ローンの金利はいま、ゼロに近い水準です。これは永遠には続かないでしょう。いつかは金利が上昇する日が来ると思います。できるだけ期間の長い固定金利の住宅ローンを利用してマイホームを購入するのが有利といえるでしょう。

summary
**人口が集中するエリアに住んでいるなら、
マイホームを買ってもいい。**

62

日銀によるJ-REITの 買入限度額の意味を知る

Understand the Bank of Japan J-REIT buying limit

　日本では REIT（リート／不動産投資信託）が非常に人気です。その理由は利回りの高さでしょう。

　日本は低金利です。世界でもスイスを除けば、最も低金利と言っていいでしょう。その中で高い利回りが簡単に得られるのがREIT です。

　J-REIT の市場は、時価総額で約13兆円。そして平均的な利回りは約4.3％。これは日本国債よりもかなり高いですし、現物の不動産に投資してもなかなか得られない利回りです。

　だからこそ、多くの人が REIT への関心を高めているのです。

J-REITの利回り例（2020年7月3日時点）

証券コード	投資法人	分配金利回り(%)
8985	ジャパン・ホテル・リート投資法人	8.54
3468	スターアジア不動産投資法人	7.06
3492	タカラレーベン不動産投資法人	6.97
3470	マリモ地方創生リート投資法人	6.89
3476	投資法人みらい	6.77
3451	トーセイ・リート投資法人	6.74
8953	日本リテールファンド投資法人	6.65
3488	ザイマックス・リート投資法人	6.58
8964	フロンティア不動産投資法人	6.35
3472	大江戸温泉リート投資法人	6.23

また、アベノミクスの金融緩和の一つで政策として REIT を買っていることも REIT には追い風とされています。そこでみなさんに見ていただきたいのが「日銀による J-REIT の買入額」です。2019年末時点のものですが、日銀が保有している残高は5000億円以上に上ります。

2010年以降買っていましたが、急激に増やしたのが2015年です。

そして、これまで買入額は年間900億円が上限でしたが、新型コロナウイルス対策の金融緩和措置として、金額を2倍にして現在は年間1800億円が上限になっています。

実際に買い入れをしているのは、2019年時点で528億円と限度額の900億円に満たないにもかかわらず、限度額を1800億円に引き上げました。

このように、買入限度額と日銀が実際に買い入れた額には大きな差があるので注意してください。

日銀によるJ-REITの買入額の推移

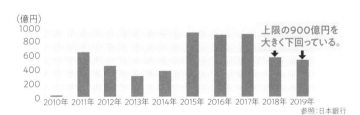

参照：日本銀行

summary **買入限度額よりも、日銀が実際に買い入れた額をチェックしたほうがいい。**

63

最初に全体像を見てから個別にチェックする

Check the Index trend before checking Individual stocks

　続いて、J-REIT のチャートを見てみましょう。REIT は数多くあるため、チャートを見る場合には指数を見るのがおすすめです。

　まず、日本で最も大きい REIT 指数である「東証 REIT 指数」を確認しましょう。この指数に連動する ETF や投資信託は数多くあります。

　チャートを短期で見ると、横ばいの状態です。

　MACD は２本のラインともに下がっています。期間の短い線が期間の長い線の下にあるので、短期的には下がっていることを意味します。ただ直近では、期間の短い線が期間の長い線を下から上に突き抜けようとしています。

　ストキャスティクスは上向きになっていますから、短期的に上昇している可能性があります。

東証REIT指数（2020年3～8月上旬）

出典：Trading View https://jp.tradingview.com/

一般に「東証 REIT 指数」という場合、東証に上場するすべての REIT の時価総額の加重平均を指します。

　しかしこの東証 REIT 指数は、実は東証が発表する東証 REIT 用途別指数のうちの1つでしかありません。

　J-REIT 指数には、不動産の用途別に以下のような3つの指数も存在するのです。あまり積極的に活用されてはいませんが、参考までに紹介します。

○東証 REIT オフィス指数……オフィス用途の物件を多く保有する REIT を構成銘柄とする指数
○東証 REIT 住宅指数……住宅用途の物件を多く保有する REIT を構成銘柄とする指数
○東証 REIT 商業・物流等指数……商業用途、物流用途の物件を多く保有する REIT を構成銘柄とする指数

　チャートを見る際には、個別銘柄の REIT を見る前に、まずは全体の東証 REIT 指数を見てから対象となる用途別指数（オフィス、住宅、商業・物流）を確認し、その後に個別の REIT をチェックするのがいいでしょう。

summary **REITを見るときは、最初に全体を表す REIT指数を確認してから個別にチェック。**

64

日銀や証券会社の
宣伝に騙されてはいけない

Don't get roped in by BOJ or Financial institution marketing
of JREITs

日本で J-REIT を買っている人の多くの理由は、前述したように「利回りの高さ」です。しかし、考えてみてください。平均分配金利回りは4.3％程度です。

REIT 指数を見ると、コロナショックで約50％下がりました。しかし日経平均株価が下がったのは30％程度です。これでも「REIT は安全」といえるでしょうか。

4.3％の利回りがあっても、コロナショックで日経平均株価より10％も大きく下がりました。つまりボラティリティ（変動率）が高くなったということです。

一部の証券会社は、「REIT は安全だ」というイメージで販売しています。そして日本人の特性として、「他の人が買っているから安心だ」と考えてしまう傾向があります。

しかし実際にデータを見れば、短期間で50％も値下がりしている投資商品は安全ではありません。これは、たった1カ月で価格が半分になったことを意味します。私なら利回りが8％でも買いません。4.3％の利回りなら魅力的に感じません。

また、時価総額が大きな REIT は、より多くの投資資金が集まっていると私は認識しています。

気になるのは、あまり出来高がないこと。しかも底を打った4月以降、ほとんど出来高が上がっていません。これは人気になって多くの人が買ってしまって、新たに買う人がいないことを意味していると考えます。

また、一般的には日銀が REIT を買っていると思われていますが、実際には年間で500億〜 600億円程度です。J-REIT の全体の時価総額は13兆円ですから、日銀の購入が J-REIT 市場全体に与える影響はそこまで大きくないように思います。

　私はアベノミクスが始まってからずっと見ていますが、前述したように、J-REIT にはほとんどインパクトがないにもかかわらず、日銀は買い入れを宣伝して、国民に買ってもらおうとしているように感じます。

　つまり、日銀はほんの少しだけ買って、金融システムや金融機関をサポートしているように見せているのです。そして、証券会社は利回りが高いから安全だと宣伝します。

　しかし私は信じません。これはマーケティングスキームに見えてしまいます。

summary

証券会社は「REITは利回りが高いから安全」と宣伝するが、自分でよく調べて判断したほうがいい。

交渉下手だとお金持ちにはなれない!?

　人生は日々、交渉の連続です。日本人には「交渉が苦手」と感じている人が多いようですが、交渉上手になればみなさんの人生はもっと豊かになるでしょうし、お金を増やせる可能性が高まります。

　私は世界各国を回り9カ国でビジネスをして、交渉で成功することもあれば失敗することもありました。その中で役に立ったことを紹介します。

　まず、交渉の方法には「ソフト」と「ハード」の2種類があります。ソフトとは最終的な目的が「合意」である交渉です。つまり、お互いにウィンウィンの関係になることです。一方でハードは相手に勝つこと、つまり「勝利」が目的となります。日本のビジネスではソフトな交渉が多いと思いますので、ここではソフトについて紹介します。

　交渉においてまず重要なのは場所です。たとえば上司に自分の仕事を認めてもらいたいとき、いつ、どこで交渉すべきか。私なら職場ではなく、リラックスできる場所を選びます。カフェやレストランなどできるだけ静かな場所でゆっくり交渉を始めるのです。

　次に重要なのは、自分の人格を少し変えることです。たとえば、シャイな人と話すときは少しゆっくり話をしたほうがいいですし、アグレッシブな人と話すときは積極的に自分を売り込むのが効果的です。あるいは、若い人が相手ならインスタグラムなど相手が好みそうな話題を入れる、高齢者が相手なら孫のことを聞いてみるなども有効でしょう。

　ほかにもさまざま交渉術はありますが、この2つは最も基本的なものですから、ぜひ実践してください。私のYouTubeでも交渉ノウハウを紹介しているので、気になる方はチェックしてみてください。

Chapter

7

経済

経済を知ることは、投資やビジネスを行ううえで
はもちろん、自分の現在地を知り、未来への仮
説を立てるうえでも重要。学術的な「経済学」
ではなく、現代社会を生き抜くための「実践的
な経済」を日々のニュースから学ぶ習慣を身につ
けましょう。

65

¥ 世界経済を知ること＝
お金を知ること

Understanding the World Economy = Understanding Money

　お金持ちになるために、なぜ世界経済を知る必要があるのか。そう思った人も多いでしょう。

　その理由は簡単です。株式市場と経済は相関率が高いからです。これは歴史が証明しています。

　一般的に長期トレンドでは、経済が好調なときに株価が上昇し、不調のときには下がります。経済が不調のときに株式に投資して、経済が好調になったときに売却すれば、資産を増やすことができるとされています。

　しかし、経済と株価は、短期的には必ずしもリンクするわけではありません。

　株価は先行指数として知られています。たとえば、この先経済が上向くと予測されるときには、投資家が先回りして株式を購入します。「経済が良くなると、株価が上がる」予測しているからです。

　そのため経済が良くなる前に株価は上がってしまいます。一般的に株価は、経済データより数カ月早く動くことがよくあります。

　コロナショックにおいても、経済と株価のタイムラグは表れています。経済の状況を示す代表的なデータはGDP成長率ですが、GDP成長率が落ち込んでいるにもかかわらず、すでに株式市場は上昇しています。

　しかしこのタイムラグは、チェックする経済データを変えることで解消することができます。代表的なデータはPMI（購買担当者景気指数）です（詳しくは170ページ）。

　さまざまな経済データをチェックすることで、株式市場の動きを把握することができます。だからこそお金持ちになるためには、世界経済を知ることが欠かせないのです。

S&P500の動き（2019年11月〜2020年7月）

アメリカの代表的な株式指数であるS&P500は4月以降、回復している

出典：⚓Trading View https://jp.tradingview.com/

アメリカの「製造業PMI」

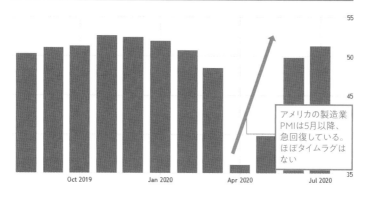

アメリカの製造業PMIは5月以降、急回復している。ほぼタイムラグはない

出典：tradingeconomics.com

summary

株価の動きを予測するには、
世界経済を知る必要がある。

66

¥ 「利下げ」と「株価」の 関係を知る

Understand the relationship between Interest Rate Decrease and Stock Prices

株価のトレンドを予測するうえで参考になるのが「FRB（アメリカの中央銀行である連邦準備理事会）による利下げ」です。

利下げとは、「その国の中央銀行が政策金利を引き下げる」こと。金利が下がると企業も個人もお金を借りやすくなるので、景気回復策として実施されます。簡単にいえば、「低金利にするので、みなさんお金をどんどん借りて、どんどん消費してくださいね」というインセンティブ施策が利下げなのです。

この利下げ、特に「FRBが実施する」という報道が出ると、それに反応して株価だけでなく、さまざまな先行指標に影響が出ます。だからこそ、FRBが利下げ（特に「緊急」と「追加」）を決定すると、世界中のメディアが大きく報道するのです。

アメリカの緊急利下げの歴史を見ると、約35年間に11回行っています。

過去の緊急利下げの例

年	出来事	年	出来事
1987年10月	ブラックマンデー	2001年9月	9.11同時多発テロ
1995年7月	予防的利下げ	2007年8月	サブプライム住宅ローンの崩壊
1998年10月	ロシアの金融危機と米ヘッジファンドのLTCM破綻	2008年1月	リーマンショック
2001年1月	ITバブル崩壊	2008年10月	
2001年4月		2020年3月（2回）	コロナショック

過去の緊急利下げの効果を見ると、利下げから1カ月で平均で約3％、株式市場が上がっています。6カ月後には平均で約－4％です。さらに1年後には平均で約－9％です。

つまり緊急利下げの後、6カ月〜1年の間には、株式市場が下がる可能性のほうが高いといえます。

緊急利下げと株式市場の関係

	3カ月後	6カ月後	1年後
緊急利下げ	3%	▲4%	▲9%

FRBが利下げをすると、株式市場は上がるがその後下がる。逆にFRBが利上げをすると株式市場は下がる。

これが基本原則といえますが、必ずしも当てはまるわけではありません。

2020年3月に緊急会合が開かれ、0.5％の利下げが決まりました。FRBが利下げをするときには、定例会議で0.25％程度の利下げを決めるのが一般的なので、これは異例の出来事でした。

ただ、利下げの理由がはっきりしなかったため、このとき株式市場は短期間でほぼ反応しませんでした。よって、今後も同じようなことが起きる可能性もあります。

私はFRBの発表については高校生のときからチェックしていますが、メディアの中では『ウォール・ストリート・ジャーナル』が最もFRBの事情に詳しいと思っています。明確な理由はないのですが、評判が良いのです。FRBの最新動向を知りたい人は、『ウォール・ストリート・ジャーナル』をチェックするのをおすすめします。

summary
緊急利下げでいったん株式市場は上がるが、
6カ月〜1年で下がったこともあるので注意。

67

金融緩和は
貧富の差を拡大させる

Monetary easing increases the Wealth Gap

2019年のデータによると、「世界のお金持ちトップ2000人の富の合計は、46億人の富よりも高い」でした。

この富の差はどこから来ているのでしょうか。私は興味を持って調べてみました。

エコノミスト誌の2018年10月の推計によると、世界のお金持ちの上位１％の富のシェアは2000年から下降傾向で、約47％から約42％までに落ち込みました。しかし、2009年以降は上昇トレンドに変わり、2018年時点では47％程度まで回復しています。

実はこの傾向、株式市場のチャートを逆さまにすると形が似ています。

上位1%の富裕層が保有する富のシェア

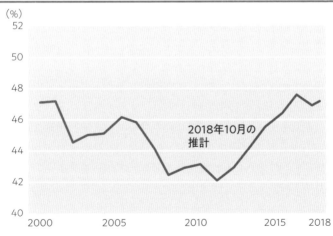

参照：エコノミスト（出典：Credit Suisse Research Institute）を基に作成

2009年以降、世界のお金持ちの富が上昇基調に転じたのは、中央銀行の金融緩和と関係していると思います。

　2009年から世界で金融緩和が始まりました。アメリカ、ユーロ、イギリス、日本など世界中の中央銀行が金利を下げたり、株式や債券を買い入れたりしたのです。

　この政策は富裕層にとって、恩恵のある政策です。貧困の人たちは株や債券など持っていないことが多いので基本的には関係ありません。中間層の人も株や債券を少しは持っていると思いますが、現金比率が高いので恩恵は小さいでしょう。

　しかし富裕層の人たちは、資産の大きな比率を株式や債券、不動産として保有しています。2009年以降の金融緩和で中央銀行が株式や債券を買い入れたことなどで価格が上がり、富裕層の資産は大幅に増えたのです。

「金融緩和＝お金が市場にたくさん流れるため、一般市民もその恩恵を受けられる」というのは正解ではありません。

　私の目から見れば、特に現在の金融緩和のように、金利を下げたり株式や債券を買い入れる施策は少し無責任だと考えます。

summary　金融緩和を行うほど、株式や債券、不動産を保有するお金持ちの富が増え、貧富の差が拡大する。

68

¥ コロナショックは大恐慌に
つなが"らない"

Corona-shock will not lead to Great Depression

「新型コロナウイルスの影響で世界的な大恐慌が来るかどうか」
と心配する人もいるかもしれませんが、私は「ない」と考えています。1930年代の大恐慌にしても、リーマンショックにしても、原点は金融の問題でした。

　経済はお金の流れで動いていますので、金融の問題によって流れが止まると回復が難しくなってしまいます。

　しかし新型コロナウイルスは、お金が止まったのではなく、人や物流が止まったことがポイントです。外出の自粛などをしていますが、仕事や消費活動は家からできる人もいます。この点が大きく特徴的なのです。

　メディアでは大恐慌になると報道もしていましたが、鵜呑みにすべきでないと考えます。大恐慌になるのかはデータで判断すべきです。

　経済の動向を見るときに重要なデータの一つはPMIです。PMIは企業の購買担当者の景況感を集計したもので、毎月データが公表されているため、現状を知るうえで有効だと私は考えています（詳しくは170ページ）。

　たとえば、アメリカの製造業のPMIを見ると、新型コロナウイルスの感染拡大が深刻になって直後の４月には大きく落ち込みましたが、５月以降は急速に回復しています。これは、非製造業のPMIを見ても同じです。

　PMIが上昇しているということは、企業の購買担当者が「景気は回復する」と考えていることも意味しますので、設備投資や経済活動が復活すると見込まれます。

　こうしてデータをチェックしてみると、「大恐慌になる」と言うメディアの報道は簡単に信じてはいけないことがわかります。

アメリカの「製造業PMI」

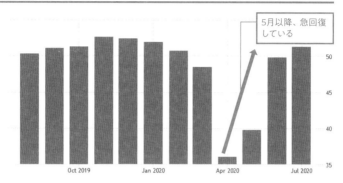

5月以降、急回復している

出典:tradingeconomics.com

アメリカの「非製造業PMI」

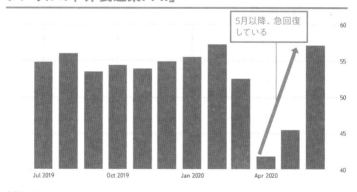

5月以降、急回復している

出典:tradingeconomics.com

summary

「大恐慌だ」と言うメディアの報道を
簡単に信じてはいけない。

69

大恐慌はどんな指標で判定すべきか

What metrics to use when determining a Great Depression

今後、大きな景気後退があった場合、「大恐慌かどうか」は何を基準に判断すればいいのでしょうか。

景気後退の一つの定義は、「2四半期連続でGDP成長率がマイナスになる」こと。これを「リセッション」と呼びます。

世界のGDPの約7割は「アメリカ」「中国」「ユーロ圏」「日本」で占められていますので、この4つの地域をチェックするのが基本です。

また、GDPの発表前に景気後退を測る方法もあります。

アメリカの場合、OECDの「Composite Leading Indicator (CLI)」を見るのが有効です。このデータは「将来の経済活動を予測することを目的とした経済主要指標」です。

これはアメリカ以外の各国でも計算しており、おおよそGDPと同様に変動しています。そして他の経済指標よりも先行して動く傾向があります。

たとえばアメリカ、中国、ユーロ圏、日本の15年間のチャートを見ると、今回の新型コロナウイルスによってリーマンショックよりも下がっています。

CLIを見ていれば、世界のGDPの動きを早めに予測できる可能性があります。

先行指数としては株式指数や債券指数、消費者態度指数などが知られていますが、これらのデータを使って計算されているのがCLIです。OECDのサイトで誰でもチェックできます。

「経済」と聞くと、他人事のように感じる人もいるかもしれません。しかし経済は間違いなく、みなさんの人生に少なからず影響を及ぼしています。「経済を学ぶ必要がない」と思っているお金持ちは存在しません。

経済を学ぶことは、これからのあなたの仕事、生活をどうすればいいのか、戦略を立てるための参考になります。最初は難しく感じるかもしれませんが、毎日意識してネット記事やSNSをチェックするだけでも自然と理解は深まるはずです。

Composite Leading Indicator (CLI)

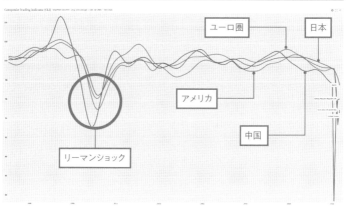

出典:OECD

**先行指数でGDPの動きを予測して
景気後退の前兆を知る。**

70

¥ 「景気後退」の兆候を 見抜く方法

How to predict an Economic Recession

　経済とは何か、簡単に言えば「お金の動き」というのが一つの考え方です。さまざまな人が何かをつくったり、売ったり、買ったりして、お金が動きます。その動きを数値化して測ることで、さまざまな分析ができるようになります。

　では、経済をどうやって測ればいいのでしょうか。

　世界で最も一般的な方法は、GDPをチェックすること（ただ後述するように、国によってGDPよりも重要な経済指標は存在します）。

　GDPとは、一言でいえば、「その国でどれだけ商品をつくったり買ったりしたか、サービスを提供したかを数値化したもの」です。「GDPの成長率」は「国の成長率」とも言い換えられます。

　GDPが将来どうなるかを予測することは非常に難しいのですが、私の経験上、GDPを予測するには、後述する「LEI」などの先行指数を利用するのがおすすめです。

　どんな国でも景気後退に入る前に先行指数が下がる傾向があります。これは非常に重要なことなので、覚えておいてください。

　先行指数としてよく使われるデータには「失業率」「新しいビルの建築許可数」「製造指数」「株式指数」などさまざまです。

　先行指数では、OECDに掲載されているデータを前項で紹介しましたが、ここではThe Conference Boardが計算している先行指数「Leading Economic Index（LEI）」を紹介します。

　まずアメリカのLEIデータを見てみましょう。2001年の景気後退時、2008年のリーマンショック時、そして2020年4月はコロナショックの影響でLEIが大幅に下がっています。

アメリカのLEIの成長率

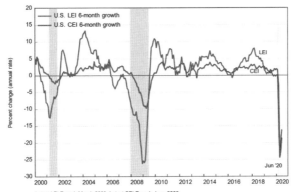

出典:THE CONFERENCE BOARD

　日本はリーマンショック以降、2011年と2012年に景気後退しています。2011年は東日本大震災が起きたタイミング、2012年はアベノミクスが始まる前に景気後退が起きています。

　世界の経済を測る方法はさまざまありますが、非常に難しいものです。

　ただ前述のように世界のGDPの約7割は4つの地域で占めていますので、4つの地域のLEIを見ることで、景気後退の兆候を知ることができるのです。

　先行指数にはさまざまありますが、LEIは数多くの先行指数を入れて計算していますので非常に有益です。しかもどこの国の政府からもコントロールを受けていないので、信頼性が高い指標といえます。

summary
GDPの70％を占める4つの地域のLEIを見れば、大恐慌の兆候がわかる。

中国で重要な経済指標「PMI」

PMI is one of the most important economic indicators for China

　世界経済を語るうえで中国の存在は欠かせません。中国共産党の影響力は強いものの、今後どうなるかは誰にも予測できないので、常にウォッチしておくべき国です。

　では、中国経済の現状を知るために、どの指標を見ればいいのか。おすすめは「PMI（Purchasing Manager's Index ＝購買担当者景気指数）」です。

　PMIとは、毎月企業の購買担当者に新規受注や生産、雇用の状況などについてアンケート調査した結果を表したデータです。

　一般的に、PMI数値が50を上回る状態が続くと景気拡大、逆に50を下回る状態が続くと景気減速を示します。

　中国のPMIは国家統計局（NBS）が公表しているものと民間企業（Caixim）が公表しているものがあります。

　PMIが重要な理由は、❶月次で発表されるデータなので現状を把握するのに参考になる（※ GDPは四半期に一度）、❷中国はまだ製造業で国が動いている、❸経営者心理が反映されているからです。

　PMIには「製造業」「非製造業」「サービス業」のデータがあります。ただし「非製造業」と「サービス業」はいずれもサービス業のことで、計算している主体が違うだけです。

　過去の製造業PMIを見ると、2020年2月には新型コロナウイルスの影響で大幅に落ち込みました。これはリーマンショックよりも悪い数値で、メディアは大騒ぎしました。

しかし、その後は３カ月連続で50前後で推移しているので、無事回復したことになります。もう一つ非製造業のデータを見ると、こちらも３月以降は３カ月連続で50を上回っています。

中国の「製造業PMI」

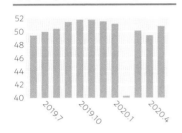

中国の「非製造業PMI」

　もう少し細かく見ると、製造業のPMIは、４月に下がりましたが、非製造業のPMIは３月以降、右肩上がりを続けています。これまで製造業が支えてきた中国経済がコロナショックをきっかけに「非製造業に支えられる経済」に変わろうとしていることを示唆する、とても重要な動きだと思います。

　直近のデータを見ると、非製造業の５月のPMIは 53.6でしたが、６月は54.4になりました。
　つまり、非製造業の経営者は回復に自信を持っているということになります。経営者たちが自信を持っていると、これから設備投資を行い、一般的にお金が循環します。政治家がさまざまな政策を打ち出しても、経営者が動き出さなければ意味がありません。 この点から考えて、「今後中国は大きく回復する」と私は考えています。

summary **中国は非製造業がコロナショックからの回復を後押ししている。**

¥ GDPを鵜呑みにしては いけない!?

Don't focus too much on GDP?

　みなさんの中には「中国共産党の出すデータは信用できないのでは?」と疑問を持つ人もいるかもしれません。

　しかし、少なくともPMIは信頼性が高いと考えています。私がウォール街にいたとき、中国専門のトレーダーもこのデータが重要だと常に言っていました。

　たしかに中国政府が公表しているGDPには怪しい部分があります。右ページのGDP成長率のグラフを見てください。まずアメリカのデータを見ると、ある程度の波があります。これが一般的なのですが、中国の場合、2020年前半までは波がほとんどありません。この点には違和感があります。

　また、そもそもGDPのデータは、どの国も計算方法によって多少は見せかけの数字をつくることもできます。そういう意味でも、GDPの数値を鵜呑みにするのは危険です。

　一方、PMIは数百社の購買担当者がアンケートに答えた結果なので、ごまかすことは難しいと考えます。

　何より、もし中国政府が都合の良い数字に書き換えているのだとしたら、2020年3月にPMIが大幅下落したデータを公表する理由は見つかりません。コロナショック真っ只中で、中国が批判を受けているときに、マイナスのデータを公表するとは思えないのです。

　このことから、私は「中国においてはGDPよりもPMIのほうが信憑性が高い」と判断しています。

アメリカのGDP成長率（直近の10年間）

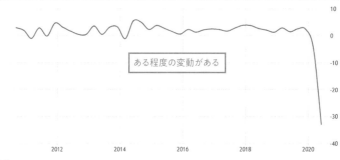

ある程度の変動がある

出典：tradingeconomics.com

中国のGDP成長率（直近の10年間）

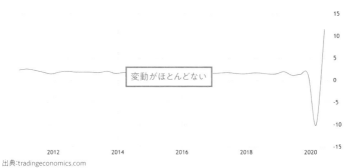

変動がほとんどない

出典：tradingeconomics.com

summary
**中国のGDPは信頼できないが、
PMIは信頼できる。**

¥ 日本経済の現状を知る
2つのデータ

Understanding the Japanese economy with 2 types of Data

　日本の経済データでも、PMIはとても重要です。日本での計算方法は数百社の購買担当者に景況感を調査してまとめたもので、これはアメリカも同様です。

　170ページで解説したように、PMI数値が50を上回る状態が続くと景気拡大、逆に50を下回る状態が続くと景気減速を示します。

　2020年6月の日本の製造業PMIのデータを見ると「40.1」。リーマンショックのときと比較すると、まだ高い水準です。

　アメリカの非製造業PMIはもっとリーマンショックに近い状態でした。製造業と非製造業の違いはありますが、ほぼ同じ方向に動いています。その意味でこの違いは興味深いです。

日本の「製造業PMI」（直近の15年間）

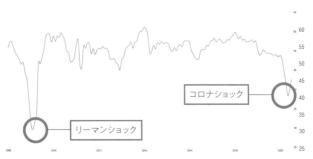

出典：tradingeconomics.com

　もう一つ紹介したいのはGDP成長率です。2020年の第1四半期（1～3月）のデータを見ると、▲0.6％でした。リーマンショックのときと比較すると、小さなマイナスに過ぎません。

もちろん、私は「新型コロナウイルスの影響は小さい」と言いたいわけではありません。苦しんでいる人はたくさんいます。ただ、「歴史的にどう判断すればいいのかは実際のデータを見るべき」ということを伝えたいのです。

　データを見る限り、リーマンショックほどの影響は出ていません。特に2020年6月時点の日本は、アメリカと比べるとそれほど経済は影響を受けていないのです。

　この本の出版後、風向きが変わる可能性は当然あります。しかしそんなときでも、メディアの情報を鵜呑みにせず、「PMI」と「GDP成長率」を自分でチェックして日本経済の状況を正しく把握してください。

日本のGDP成長率（直近の25年間）

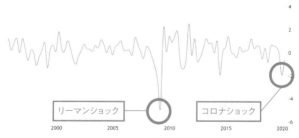

SOURCE: TRADINGECONOMICS.COM | CABINET OFFICE, JAPAN

出典：tradingeconomics.com

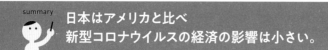

summary
**日本はアメリカと比べ
新型コロナウイルスの経済の影響は小さい。**

74

デフォルトを正しく分析する

Understand the meaning of Default

2020年5月22日、アルゼンチンが9度目のデフォルト（債務不履行）に陥りました。

日本のメディアでも大きな問題として報道されましたが、私は違う考え方を持っています。

最初に知ってほしいのは、「アルゼンチンのデフォルトは珍しい出来事ではない」ということ。実はデフォルトの2日前の5月20日からニュースでは報じられたのですが、そのときから私は「大きな問題ではない」と判断していました。

その理由は、以下の3つです。

❶ 国債の利払いをしなかった金額は「たった約5億ドル（約540億円）」です。政府が借りているお金の総額からすれば、これは比較的小さい金額といえます。

❷ デフォルトを公表する前に、アルゼンチンの経済省が約660億ドル（約7兆1000億円）の国の債務を「リストラ」すると発表しました。翌日に小さなデフォルトすることが予測されていたので、その前に大きなリストラをすることを発表していたのです。

「リストラ」とは借金の返済ができないときに、返済条件を新たに交渉することです。返済期間を延期する代わりに利率を上げたり、さまざまな交渉をします。

❸ そもそもアルゼンチンは1816年に独立してから9回目のデフォルトです。繰り返しデフォルトしているということも、今回

のデフォルトが大したことがないという理由です。

さらに大事なのは、アルゼンチンのマーケットをどう見るかです。これは日本人のみなさんは知らないでしょうし、海外の多くの人も知らないでしょう。私自身はアルゼンチンの為替は何度も取引したことがあります。詳しくは次項を参考にしてください。

今回のようなニュースは、これからも数多く出てくるでしょうから、ニュースの分析の仕方を知っておくことは有効です。

デフォルトはアルゼンチン以外の国でもときどき起こります。みなさんの記憶の中にあるかもしれませんが、ギリシャなどもデフォルトしています。

ウォール街には「気候が暖かい地域の国でデフォルトが起きやすい」というジョークがあるほどです。

今後も、アルゼンチン以外の東南アジアや南米の国々でデフォルトが起きるかもしれません。そのときにマーケットがどんな反応をするか、知っておくことは投資をするうえで有用な知識となります。

summary

メディアの報道を鵜呑みにせず、自分自身でデータを分析する。

ニュースより金融市場の
データを先に確認する

For economic news, first observe the impact of Financial
Markets

「アルゼンチンがデフォルト」といった世界経済のビッグニュースが流れたとき、私は最初に「株式市場と為替市場がどう反応しているか」をチェックするようにしています。ニュースを読む前に客観的なデータを頭にインプットするのです。

　マーケットの反応によって、本当にビッグニュースなのか、ビッグニュースではないのかを判断できます。

　その後にニュース記事を読みます。もし最初にニュース記事を読んだら、これはビッグディール、つまり重大事件だと誤解してしまうからです。それは時間の無駄。だからこそ、最初にマーケットを見るのが有効です。

　ただ、アルゼンチンの経済規模（株式市場）は先進国と比べるとそれほど大きくありません。では、どのマーケットを見ればいいのでしょうか。

　アルゼンチンにおける大きなマーケットの一つは「為替市場」です。そこで、まずはアルゼンチンペソの為替レートの動きをチェックします。

　USDARS は「分子が米ドル」で「分母がアルゼンチンペソ」の為替レートです。つまり、1ペソ当たりのドルの価格がわかります。このチャートが右肩上がりなら米ドルが高くなっていて、アルゼンチンペソが下がっていることを意味します。

　最初に長期のチャートを確認すると、2013年以降アルゼンチンペソが極端に下がっていることがわかります。

　20年前は1ドル＝1ペソでしたが、いまは1ドル＝70ペソになっています。つまり、アルゼンチンペソの価値は米ドルに対して70分の1になったことを意味します。

USDARS(米ドル／アルゼンチンペソ)の長期チャートをチェック

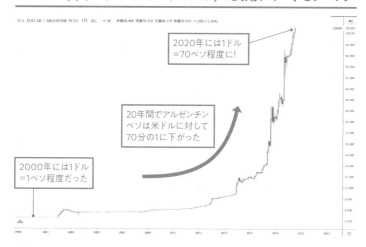

U.S. DOLLAR / ARGENTINE PESO 1月 IDC =美 始値68.460 高値70.210 安値68.219 終値70.010 +1.550 (+2.26%)

2020年には1ドル
=70ペソ程度に!

20年間でアルゼンチン
ペソは米ドルに対して
70分の1に下がった

2000年には1ドル
=1ペソ程度だった

出典：Trading View https://jp.tradingview.com/

　この理由は経済的な問題もありますが、デフォルトが大きく影響しています。また、政府の汚職問題がニュースなどで報じられる機会が多く、イメージがよくありません。

　そして興味深いのは、アルゼンチンの政府債務です。GDP比率で見ると、現在は90％程度に達していますが、過去25年間を振り返ると最大ではありません。

　最も高かったのは2002年で167％に達していました。
　そのときのチャートを見ると、1ドル＝1ペソから、1ドル＝3.8ペソまで下がっています。アルゼンチンペソの価値が70～80％下がったことになります。

このように、政府債務の大きさと為替はリンクしています。

債務が下がると、為替も安定する傾向にあります。「債務が上がると為替も動き出す」というのが多くの場合のパターンです。これをみなさんにも知っておいてほしいのです。

アルゼンチン - GDPに対する政府債務

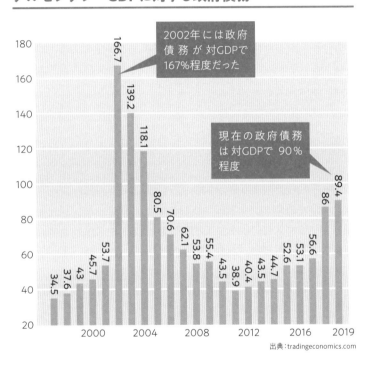

出典：tradingeconomics.com

2002年のUSDARSの推移

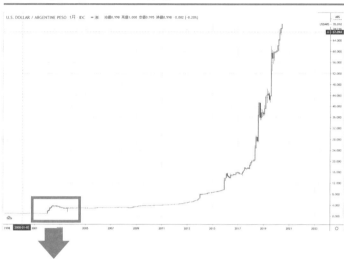

1ドル=3.8ペソ

1ドル=1ペソ

出典：Trading View https://jp.tradingview.com/

summary
**株式市場の規模が小さい国では
為替レートの動きをチェックする。**

76

政府債務のGDP比率を
チェックする

Measure Government Debt as a percentage of GDP

　アルゼンチンの例を見てもわかるように、為替とGDPに対する政府債務の比率は常にチェックする必要があります。

　大事なのは、GDP比率で見ること。政府の債務が金額だけでわかっても、国によって経済の規模が違うので金額では比較できないからです。だから「Debt to GDP（対GDP債務）」で見る必要があるのです。

　では、日本の政府債務の対GDP比はどうでしょうか。

　実は195カ国のなかで最も高いのです。これはアルゼンチンのデフォルトとは別の問題ですが、いずれ大きな問題になると考えています。

日本 - GDPに対する政府債務

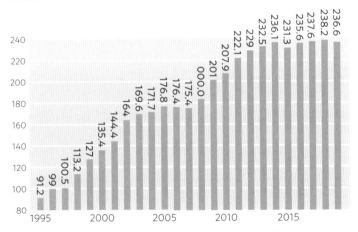

出典：tradingeconomics.com

「政府債務が大きな問題だ」と言うと、批判する人も多いと思います。

　しかし私は、「政府債務が消費税率とつながりがあることが問題」だと認識しています。

　さらに歴史的に見ると、通貨危機が起きるときは債務が問題になっていることが多くあります。そして通貨危機が起きると、株式市場が暴落する傾向があります。

　話をアルゼンチンに戻しましょう。

　アルゼンチンのデフォルトの際に株式市場はどうなったか。アルゼンチンの有名な株価指数は「メイバル指数」です。これを見ると株価指数は上がっていますが、為替はずっと下がっているので、実際の価値はドル建てで調べるとそれほど上がっていません。

アルゼンチンの株価指数「メイバル指数」の推移

出典：Trading View https://jp.tradingview.com/

アルゼンチンの為替は米ドルに比べて下がっているので、土地や株式を持っていても、国際的な価値はそれほどありません。

　これは自国通貨の価値が大幅に下がっており、他の国で前と同じようには使えないからです。いわば「輸入に対して不利な状態」なのです。

　アルゼンチンの例でわかる通り、現在の株式市場や不動産市場の動向だけを見ていても、その国の状況はわかりません。政府債務のGDP比率が高いと、将来通貨危機が起きて、株式市場が暴落するかもしれません。政府債務のGDP比率と為替の動向は常にチェックしておくべきでしょう。

summary　通貨が安くなると、株価が上がっても
お金持ちにはなれない。

デフォルトを保証する 「CDS」の動きを見る

Watch the CDS market, which measures the insurance rate for default

　デフォルトに関連してチェックしておきたい金融商品の一つがCDS（クレジット・デフォルト・スワップ）です。ご存じない方が大半だと思いますが、CDSは保険商品の一つです。

　私たちは生命保険などに加入すると、毎年保険料を支払います。それと原理は同じで、CDSは「債券のデフォルトに対して支払う保険」です。

　つまり実際にデフォルトすると、保険から保険金が支払われて損失部分がカバーできるという仕組みです。

　アルゼンチンの債券にもCDSマーケットがあり、3〜10年の債券に投資する際、デフォルトした場合に保険料がCDS保有者に払われる仕組みです。

　アルゼンチンのCDSの価格を見ると、2019年から極端に上がっています。同じ時期に対GDP債務は上昇し、通貨は下落しています。これらの動きにCDSは連動しているのです。

　したがって、実際にデフォルトが発表されたとき、つまり5月22日に最初に見るべきなのがCDSです。

　CDSマーケットが最初に反応することもあるのですが、アルゼンチンのデフォルトの際にはほとんど動いていません。

　22日にデフォルトを発表する前、19日に経済省はリストラを発表していますし、デフォルトのニュースも出ていました。

　つまり、マーケットは完璧にデフォルトを予測していたことになります。

　では今後、デフォルトのニュースが出たときに何を見ればいい

か。デフォルトのニュースはこれからたくさん出てくると思いますので、ぜひ覚えておいてください。

　私のおすすめは❶「通貨の値動きを見る」こと。これは国のデフォルトの場合です。❷会社のデフォルトであれば「株価」、あるいは「その会社が発行している社債の価格」を見ます。
　そして❸ CDS マーケット。この３つを見てマーケットがどう反応しているかチェックします。
　その後にニュース記事を読みます。

　この順序がとても重要です。マーケットを見ておけば、読んだ記事の内容が重要かどうか、メディアが報道することが重要かどうかが最初からわかります。
　デフォルトのような大きな出来事が起きたときには、この順序で情報収集を行ってください。

アルゼンチンの5年CDSの価格の推移

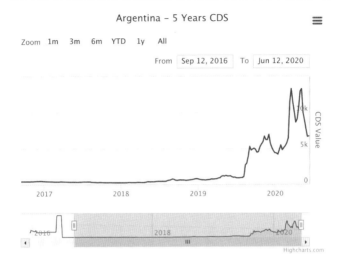

出典:worldgovernmentbonds.com

アルゼンチンのデフォルト前後のCDSの動き

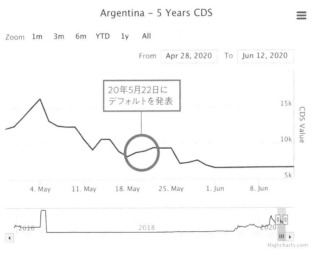

出典:worldgovernmentbonds.com

Chapter

8

習慣

ここまで世界のお金持ちが実践するお金の増やし方をさまざま紹介してきました。本章では「大きくカテゴライズするのが難しいものの、お金持ちになるうえで非常に重要」である英語での情報収集術、時間術、節約術というテーマを紹介します。

78

英語ニュースを読んで情報リテラシーを高める

Increase your Information Literacy by learning English

　私は毎朝、数多くのニュースを英語で読んでいます。

　最初に読んでいるのは『日本経済新聞』です。日本のニュースを読んで、最新情報、ビジネス、政治、経済の状況をチェックしています。

　次に『ブルームバーグ』のマーケットデータを見て、市場の現状を把握します。その後、同サイトのニュースを読みます。世界中の株式、コモディティ、為替などの数字をすべて見てからニュースを読むことがポイントです。

　それが終わると『トレーディングエコノミクス』『マーケットウォッチ』『CNBC』を読みます。

　さらに『フィナンシャル・タイムズ』『ウォール・ストリート・ジャーナル』『ワシントン・ポスト』『ポリティコ（政治ニュース）』を読んでいます。ほかのニュースサイトも読みますが、これらのサイトは毎日チェックしています。

ニュースサイトのチェックの順番例

順番	サイト名	URL
1	日本経済新聞	https://www.nikkei.com/
2	ブルームバーグ	https://www.bloomberg.com/
3	トレーディングエコノミクス	https://jp.tradingeconomics.com/
4	マーケットウォッチ	https://www.marketwatch.com/
5	CNBC	https://www.cnbc.com/world/?region=world
6	フィナンシャル・タイムズ	https://www.ft.com/
7	ウォール・ストリート・ジャーナル	https://www.wsj.com/
8	ワシントン・ポスト	https://www.washingtonpost.com/
9	ポリティコ	https://www.politico.com/

「そんなにたくさんチェックしないといけないの？」と思われた人もいるかもしれません。

しかし私もすべての記事を読んでいるわけではありません。まず見出しを流し読みし、気になった記事を深く読むようにしています。

これを続けていると、見出しを読むだけでその日の動きがつかめることはもちろん、比較して読むことができるので「メディアごとの特徴」を見出すことができます。

そうすると、「このメディアがこのテーマを書いているときは、一歩引いてチェックしよう」などと記事には書かれていない事情もある程度予測できるようになります。

大事なのは、継続です。

毎日ニュースを複数読む生活を半年、1年と続けると、少しずつメディアごとの報道の特徴がわかるようになり、「この社会問題についてはこのメディアを詳しくチェックしよう」などと思えるようになります。数年続ければ、過去のニュースと関連付けて考えられるようになり、「次にどういったことが起こりそうか？」と予測できるようになります。

継続のポイントは「隙間時間にやろうと思わず、毎日決まった時間に必ず行うこと」。

朝食を食べながらでも、通勤時間でも構いません。日常生活の中に「英語ニュースを読む時間」を組み込みましょう。

 summary マーケットで数字をチェックしてから
ニュースを読むと効率的に理解できる。

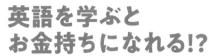

79

英語を学ぶと
お金持ちになれる!?

Learning English will help you make money?!

国際会計事務所大手の PwC の世界の時価総額トップ100社（2020年３月）によると、トップ50に日本の企業は１社しかありません。トヨタ自動車が29位です。

ランキング上位に名を連ねているのは多くがアメリカやヨーロッパ、中国の企業です。

とはいえ、これらの時価総額の高い企業に投資を勧めているわけではありません。

ここで私が言いたいのは、世界で時価総額の高い企業が英語を使うことが多いので、世界の多くの金融システムも英語で構築されているということ。株式や債券、コモディティなどほぼすべての相場は英語で動いています。ドル建て ETF もほとんどがアメリカの市場と連動しています。なぜならアメリカの金融市場が最も大きいからです。また、会社の決算書を読むときも英語が必要になることがあります。

このように、お金を増やすには英語が欠かせないのです。

時価総額ランキング

順位	企業名	国名
1位	サウジアラビアアラムコ	サウジアラビア
2位	マイクロソフト	アメリカ
3位	アップル	アメリカ
4位	アマゾン	アメリカ
5位	アルファベット	アメリカ
6位	アリババ	中国

順位	企業名	国名
7位	フェイスブック	アメリカ
8位	テンセント	中国
9位	バークシャー・ハサウェイ	アメリカ
10位	ジョンソン・エンド・ジョンソン	アメリカ
29位	トヨタ自動車	日本

私は日本の金融制度がもっと強く、公平になってほしいと思っています。たとえば、日本の税制は大半の日本人にとって不利な制度になっています。しかし多くの日本人はそれに気づいていません。

　英語が理解できれば、海外と比較して「いかに日本の制度がおかしいか」ということに気づけます。そして世界のことを知って自分の世界を広くすれば、自然とお金を増やす方法も身につくはずです。

　アメリカのパウエルFRB議長の発言やトランプ大統領の発言を日本のメディアに頼らず、自分で理解することは重要です。

　そのときに必要なのは、相手が「何と言っているか」ではなく「どう言っているか」だと思います。発音の強さによっても、言葉のニュアンスが変わります。だからこそ、自分で聞き取る必要があるのです。

　私は20年以上英語の中で暮らしてきましたが、いま日本語が何とか話せるのも、母親や他の人の日本語をずっと聞いていたから、そしてボストン時代、サボりながらも日本語補習校に通って日本語を学んでいたからです。

　英語を聞き取る練習を始めてほしいと思いますし、子どもにもできるだけ早く、正しい発音の英語を聞かせることをおすすめします。

　英語を学びたい人は、私の２つのYouTubeチャンネル「Dan Takahashi」と「高橋ダン」をぜひ活用してください。日本語バージョンと英語バージョンを別々のチャンネルで配信しています。自動字幕をツールバーで設定して、英語を学びながら世界のニュース情報を得ることができます。

summary　**投資に必要な情報は、日本のメディアに頼らず**
英語で直接理解したほうがいい。

80

英語力を高める「グーグル翻訳ツールの裏技」

Increase your English skills with Google Translate Tool

「英語のニュースを読めるようになりたい」

そう思う人は多いでしょう。英語で読めるようになると、より多くの情報にアクセスできるようになりますし、日本のメディアの問題点もいろいろ見えるようになるので、英語力を高めることはとてもおすすめです。

実は私自身、つい1年ほど前まで日本語は全くお粗末なレベルでした。でも、ある方法で私の日本語力は短期間で小学生レベルにまで上がりました。その方法を紹介します。これをヒントにすれば、あなたも英語のニュースを読めるようになるでしょう。

まず、グーグルの翻訳ツールを使います。まずはインストールしてください（196ページ参照）。パソコンでもスマートフォン、タブレット端末でも利用できます。インストールしたら準備完了です。

次にニュース記事を読みます。最初のうちは、まず日本語で読んでから英語で読むのがいいでしょう。「日本語版のニュースサイトで金融や経済などの記事を一通りチェックして、日本語で理解した後に英語版の記事を読む」ということです。

英語の記事では、前述したように「見出し」をチェックしていき、気になった記事は本文を読むのがおすすめです。

その際、見出しや本文の文章が短いメディアを選びましょう。

長い文章は読む気がなくなりますし、頑張って読もうとしても翻訳に時間がかかり、理解するのにはさらに時間がかかります。

そこでおすすめのメディアの一つが『CNBC』です。

CNBC はアメリカの会社ですが、プロフェッショナル向けではなく、一般の人を対象にしているので文章が短い傾向があります。また、イギリスの『フィナンシャル・タイムズ』も同じく文章が短い記事が多いのでおすすめです。これらのメディアで見出しをチェックすることから始めてみましょう。

このとき、わからない言葉が出てきたら翻訳ツールを使うわけですが、ポイントは「動詞を中心に覚えること」。「上がる」「下がる」などの動きを示す言葉は動詞だからです。

たとえば、CNBC で「Treasury yields rise slightly as jobless claims top 2 million last week」という見出しのニュースがあった場合、大事なのは「Treasury」「yields」「rise」の３つの単語です。

この場合、rise が動詞で「Treasury yields rise」は国債利回りが上昇したことを意味します。このように動詞を中心に勉強するのがおすすめです。

CNBCのニュース例（2020年5月18日）

『CNBC』や『フィナンシャル・タイムズ』の見出しで
英語力を高めよう!

81

翻訳ツールの使い方

How to use Google Translate

英語サイトをチェックするとき、役立つのが翻訳ツールです。

タイトルをコピーしてグーグル翻訳にペーストしてもいいのですが、もっと素早く翻訳する方法があります。その一つがグーグルクロームの拡張機能を使う方法です。手順は次の通りです。

❶ Chrome ウェブストアで「Google 翻訳」を検索
❷[Chrome に追加] を選択
❸ツールバーに「Google 翻訳」をピン止め

これで利用できるようになります。翻訳したい英語の部分を選択すると、「Google 翻訳」のアイコンが表示されますので、クリックすると日本語に翻訳されます。あるいは、翻訳したい部分を選択した後、右上のツールバーにピン止めした「Google 翻訳」をクリックしても翻訳できます。

Chrome ウェブストアで「Google翻訳」を検索

【Chromeに追加】を選択

CNBCのニュース例

1
画面右上のツールバーの拡張機能のアイコンをクリック

2
ピンをクリック

翻訳する

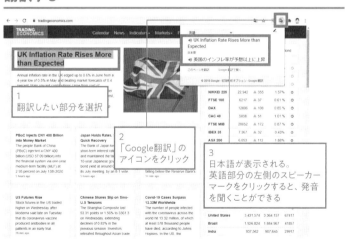

1
翻訳したい部分を選択

2
「Google翻訳」のアイコンをクリック

3
日本語が表示される。
英語部分の左側のスピーカーマークをクリックすると、発音を聞くことができる

summary　翻訳ツールは使う頻度が多いため、
あらかじめ設定しておく。

知っておきたい
金融関連の英単語
English Financial vocabulary you should know

　ニュース記事ではさまざまな動詞を使っています。動詞によって価格が上がっているか下がっているかを区別できます。

　中立でどちらにも動いてないことを意味する動詞もありますが、たいていは上がるか下がるかで、特に新聞は売ることを目的にしているため、刺激的な表現を使います。

　おすすめは、よく出てくる単語を「上がっているか」「下がっているか」に分けてノートに書いておくこと。スマートフォンやタブレット端末で管理してもいいでしょう。

　また、ニュースを見ていると、知っておくべき言葉はたくさん出てきます。

　たとえば、経済、金融、株、政治における重要な言葉として「Stock Equity」があります。これは「株式」という意味で、「Public Stock」なら「上場株式」、「Private Stock」なら「未上場株式」を示します。その他「債券」「商品」「不動産」「市場」など覚えておくべき言葉は右ページにまとめました。

　もしわからない言葉が出てきたら、私の場合はスクリーンショットを撮って保存しています。そして電車に乗っているときなどの隙間時間にチェックします。毎日10分でもそれを繰り返していると、次第に読めるようになります。

経済ニュースに重要な単語

上昇を意味する言葉

climb
surge
increase
rally

下落を意味する言葉

crash
decline
fall

株式に関する用語

Stock Equity	株式
Public Stock	上場株式
Private Stock	未上場株式

債券に関する用語

Bond	債券	Government Bond、Treasury	国債
Fixed	固定	Corporate Bond、Credit	社債
Income	利子		
Debt	借金		
Loan	融資		

商品に関する用語

Commodities コモディティ商品	
Metals	金属
Precious metals	貴金属
FX、Currencies、FOREX	為替

不動産に関する用語

Real Estate、Property	不動産
Commercial	商業用
Residential	住宅用
Industrial	工業用
Logistics	物流

市場に関する用語

Developed Market	先進国
Emerging Market	新興国

summary

**経済関連の単語を覚えて、
ニュースの見出しを理解するのが第一歩。**

83

日頃話さない人と話をする

Talk to new people whom you usually do not speak with

　時間を効率的に使ううえで最も大事なのは、同じ行動を繰り返さない、つまり、時間の使い方を多様化することです。そのためには、できるだけ多くの人に会うのも一つの方法です。

　人とのつながりにはレイヤー（階層）があります。玉ねぎをイメージするとわかりやすいでしょう。

　あなたが玉ねぎの中心の芯の部分で、すぐ近くを覆っているのが家族や親友の層です。その外側には、「仕事関係の人」の層があります。

　さらに外側は「知ってはいるけれど、友だちでもないし、仕事上のつながりもない人」の層があります。

　一般的に最も近い階層の人は、10人以内でしょう。階層が外側になるにしたがって、関わる人数も20人、50人、100人と増えていきます。

　多くの人は、階層が内側の人と頻繁にコミュニケーションしています。これだと、気がついたら「毎日、ほとんど同じ人としか会っていない」ということになりかねなく、得られる情報が似通ってしまいます。

　しかし、さまざまな人の意見を聞くことで、自分が保有しているデータが多様化し、強くなります。それが人生の成功率を上げてくれます。

　世界最大手のコンサルティングファームであるマッキンゼーのデータによると、働く人に多様性があるほど、業績が業種平均を超える可能性が高くなります。クレディ・スイスも同じような調査をしています。その他のさまざまな調査を見ても、多様化することが時間の効率化につながります。

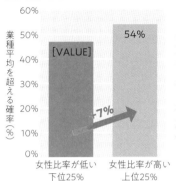

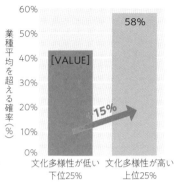

資料:McKinsey & Company, Diversity Matters, 2015
出典:経済産業省経済産業政策局経済社会政策室「ダイバーシティに関する各種調査」(2016年)

　いつも同じ人と同じ時間に同じことをしていると、同じような時間を過ごしてしまう可能性が高くなります。仲の良い人や自分と似た性格の人は、考え方が似ている可能性が高く、新しい情報は得にくくなります。家族と話すとき、友だちと話すとき、メンバーが同じであれば同じ話題になることが多いのではないでしょうか。それを変えてみることが重要です。

　1日1回だけでも構いません。あまり会話したことのない人と話をしてみましょう。職場で日ごろ話をする機会のない人に声をかけてみてはどうでしょうか。10分話してみる。それが難しければ1分でもいいでしょう。

　それによって想像力が増して世界が広がり、新しい意見や考え方を知ることができます。これが、私の実践している時間の効率的な使い方で最も簡単な方法です。

summary

**時間を効率的に使う最も簡単な方法は、
日ごろ話したことのない人と話してみること。**

84 世界の成功者が週末にしていること
What do Successful people do on the Weekends?

　時間を効率的に使うために避けるべきなのは、"働きすぎ"です。世界で成功している多くの人は「ワークライフバランス」を重視しています。

　成功している人ほど忙しいと思いますが、どうやって仕事と生活のバランスをとっているのでしょうか。ある調査によると、成功した人たちが週末にしていることとして、以下が挙げられています。

・本を読む
・家族と一緒に時間を過ごす
・フィットネスをする
・よく食べてよく眠る

　このほか、7位の「新しいことを学ぶ」ことも重要だと思います。まったく興味のない本でも5分だけ読んでみる。そうすれば新しい発見があるかもしれません。

　8位の「自然を鑑賞する」ことも大事でしょう。特にパソコンやスマホなど画面ばかり見ている人は、意識して自然を見る時間を設けるのがおすすめです。

　そして9位は「一人の時間を過ごす」。リラックスして自分のパッションを見つめなおす時間は重要です。

　私は、仕事と生活を分けるのがとても苦手です。その結果、ついつい働きすぎてしまいます。自分でも気づいています。頭が回りすぎて止まらないのです。そして、ときどき体が脳に追いつかなくなり、疲れてしまいます。

成功した人が週末にしていること

1	読書を楽しむ
2	家族と過ごす
3	運動をする
4	趣味をつくる
5	よく食べる
6	早く眠る
7	新しいことを学ぶ
8	自然を鑑賞する
9	一人の時間を過ごす

出典：ライフハック

　働きすぎると時間が効率的でなくなることは、私自身が痛感しています。

　みなさんも働きすぎて時間の使い方が非効率にならないように、成功者の週末の過ごし方を参考にしてください。

　働きすぎを避けるために私はグーグルカレンダーを利用しています。「休みなさい」と書いておくのです。

　また私の場合、時間を効率的に利用するためにミーティングなどの予定はもちろんですが、すべての予定を記入して重要度に応じて色分けしています。こうすることで一目見ただけで状況をすぐに把握しやすくなります。

　また、積立投資をしている人なら1カ月に1回、日を決めてETFなどを注文するのがおすすめですが、そのスケジュールもカレンダーに入れておきましょう。すべての予定をカレンダーに記入しておけば、「何か忘れていることはないか？」と不安に思うことがなくなるので、ストレス軽減にもつながります。

summary
**働きすぎを避けるために
カレンダーに休み予定を入れておく。**

85

ストレスを上げないために
避けるべき3つの行動
3 ways to decrease your stress level

私たちはさまざまなストレスにさらされています。そのストレスをできるだけ少なくすることができれば、失敗が少なくなるでしょうし、時間を効率的に使うことができます。

私自身の経験では、3つの行動によって、ストレスを圧倒的に減らすことができます。

1つめは、体を冷やさないこと。私がウォール街で働いていたとき、どこのオフィスも寒いくらいに室温が低く設定されていました。体を冷やすと血液が頭に集まり、集中力が上がるようです。ウォール街で働いている人は、体験的にそれを感じているので、オフィスの温度まで低く設定していました。

しかし体が冷えた状態が続くと、血行が悪くなって病気にもなりやすくなります。もちろん、ストレスも増します。できるだけストレスを低くするためには、体を温めることが重要です。

私も体を温めることを意識し始めてから、ストレスは減りましたし体調も良くなりました。私の場合、朝起きて体調が万全でないときには、熱いシャワーを2分間浴びることにしています。

2つめは体調が悪いときに大音量の激しい音楽は控えることです。みなさんの中にも、リラックスするために音楽を聴く人は多いでしょう。実際、クラシック音楽を聴いた後は、聴く前と比較して、大幅にストレスが減るそうです。

しかし、なかにはストレス発散のためにヘビーメタルなどの激しい音楽を大音量で聴く人もいるようです。私自身はヘビーメタルが好きでよく聴きますが、体調が良くないときは控えるようにしています。また、悲しい音楽も避けたほうがいいでしょう。音

楽はストレスととても大きな関係があります。自分の体調を考えて楽しむようにしてください。

3つめは失敗を恐れないことです。私は世界各国を回りましたが、その中で日本は最も失敗を許さない社会だと感じています。失敗を恐れていると、みんなと同じ方向に進んでしまいがちです。しかし、自分が不得意な方向に進むと、大きなストレスになります。周りをしっかり見渡して、自分の得意な方向に進むことが重要です。自信が持てますし、ストレスが減ります。

私は決断が速く、すぐに実践する性格なので、最初はトレーダーの道を選びました。一方で長い時間をかけて積み上げていくプロジェクトはとても苦手です。ファッションのセンスもありません。ですから、同じ洋服を10着くらい買って、いつも同じ格好をしています。失敗を恐れずに、自分の得意なものにチャレンジすることがストレスを減らすことにつながります。

これら3つの行動を参考に、あなたもストレスを減らしてください。

やってはいけない3つの行動

1　体を冷やす
2　体調が悪いときに大音量で激しい音楽を聴く
3　失敗を恐れてみんなと同じ行動をとる

summary

**ストレスを減らせば
自分に自信が湧いて成功しやすくなる。**

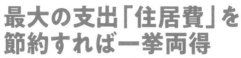

最大の支出「住居費」を節約すれば一挙両得

Saving on housing expenses is very beneficial

　なかなかお金が貯まらない——。そう悩んでいる人は少なくありません。しかし、お金を貯める方法は極めてシンプル。収入を増やして支出を減らすだけです。

　私の両親はお金持ちではなかったので、お金の使い方に関しては、かなり厳しく育てられました。小さいときから無駄遣いをしない習慣がついています。

　そのなかから、いくつかの習慣を紹介します。

　アメリカの毎月の個人支出の内訳を見てみると、最も大きな割合を占めているのは住居費、つまり家賃や住宅ローンです。

　これはユーロ圏やイギリスを見ても同様です。私はさまざまな国に行ったときに自分の支出の内訳をエクセルで計算するのが好きなのですが、最も多くを占めるのはやはり住居費です。

アメリカの個人支出の内訳

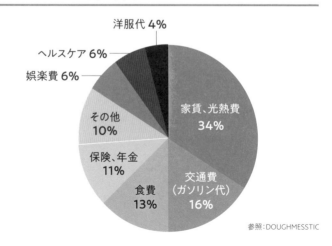

洋服代 4%
ヘルスケア 6%
娯楽費 6%
その他 10%
保険、年金 11%
食費 13%
家賃、光熱費 34%
交通費（ガソリン代）16%

参照：DOUGHMESSTIC

ヨーロッパ人の個人支出の割合

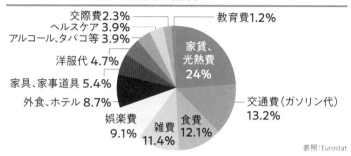

交際費2.3%
ヘルスケア 3.9%
アルコール、タバコ等 3.9%
洋服代 4.7%
家具、家事道具 5.4%
外食、ホテル 8.7%
娯楽費 9.1%
雑費 11.4%
食費 12.1%
教育費1.2%
家賃、光熱費 24%
交通費(ガソリン代) 13.2%

参照：Eurostat

　そこで最もおすすめしたいのが、住居の確保の仕方を工夫すること。これによってお金を貯めることができます。

　特に日本の場合、駅から少し離れるだけで家賃が下がります。駅から離れると、時間の無駄になると考える人もいるかもしれません。

　しかし、仮に駅から5分が15分に変わったとしましょう。たしかに歩く距離は増えますが、見方を変えれば「健康的な生活につながる」ともいえます。家賃を下げられますし、健康にもなるので一挙両得です。

　私も都心の駅から徒歩10分の所に引っ越しをしました。もちろん駅からさらに近いほうが便利ではありますが、その分家賃を節約することができています。

　世界のデータを見ても住居費が占める割合が最も大きいわけですから、この金額を抑えることこそ、支出を抑える最大のポイントです。

summary
**駅から少し離れた場所で暮らせば
住居費が安くなり、健康にもいい。**

オンラインショッピングの意外な効果

Online shopping can be quite effective

　簡単に節約できる2つめの方法は、オンラインショッピングを利用すること。新型コロナウイルスの影響でみなさんもすでにAmazonや楽天を使っているかもしれませんが、一時的にではなく継続的に使うことが大切です。

　世界のデータを見ると、最も多くの人がオンラインショップの利点として挙げているのは「価格が安いから」。他の調査を見ても、便利だという声も多いのですが、それと同じくらい価格が安いことを挙げています。実際、ほとんどの調査で「オンラインショッピングのほうが価格は安い」という結果が出ています。オンラインショップでは配送料がかかる場合がありますが、一般的にそれほど高くありません。

　その他の利点として、さまざまなウェブサイトで価格を比較できる点も挙げられます。

　さらに無駄な時間がかかりません。もちろんお店に買い物に行く利点や楽しさもあるでしょうし、ベッドのような商品を買うときには店舗に行って実物を確かめますが、すでに何度も購入しているものは、商品を確認する必要はありません。

　私は納豆や味噌や豆腐が好きですが、買う銘柄はもう決まっています。靴下やシャツを買うときにもサイズは大体わかります。そういったものはオンラインを利用すると時間を掛けずに購入できます。

　実際の店舗に買い物に行くと、さまざまな商品が目に入ってしまいます。しかしオンラインショップの場合は、最初から買うものは決まっています。その商品の購入だけに集中できます。つまり、本当に必要なものだけを購入する確率が高くなるのです。

アメリカ人に聞いた「お店vsオンライン」の買い物について

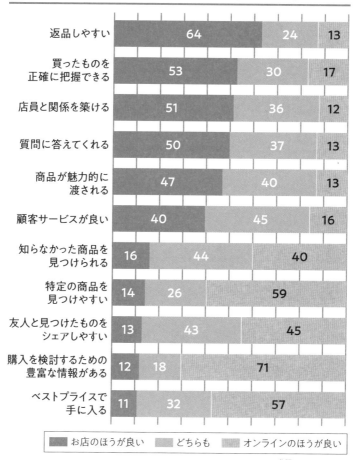

	お店のほうが良い	どちらも	オンラインのほうが良い
返品しやすい	64	24	13
買ったものを正確に把握できる	53	30	17
店員と関係を築ける	51	36	12
質問に答えてくれる	50	37	13
商品が魅力的に渡される	47	40	13
顧客サービスが良い	40	45	16
知らなかった商品を見つけられる	16	44	40
特定の商品を見つけやすい	14	26	59
友人と見つけたものをシェアしやすい	13	43	45
購入を検討するための豊富な情報がある	12	18	71
ベストプライスで手に入る	11	32	57

参照：marketing charts

summary　オンラインショッピングなら価格が安く、
時間の節約にもつながる。

アメリカ人が必要な老後資金は7400万円!?

US Retirement requires 〜$740k in savings?

人生の中で最も大きな支出は何でしょうか。アメリカのデータでは「老後のお金」がナンバー1です。

アメリカ人の生涯における平均的な出費

参照:Finances in Retirement: New Challenges, New Solutions

日本では1年ほど前に「老後資金に2000万円が必要」と話題になりました。しかしアメリカでは、老後の生活支出の合計は73万8400ドル(約7400万円)という計算になっています(2016年「USDA／消費者支出調査データ」)。日本の何倍もの金額ですが、こうしたデータは計算の方法次第で大きく変わります。メディアの情報を鵜呑みにしないことが重要です。

金額はともあれ、老後にはまとまった資金が必要であることには変わりません。したがって、老後のお金の問題が解決できれば、お金の悩みの多くが解消されるでしょう。

老後のお金を準備するには、貯蓄が必要です。自分の年収の何%を貯蓄に回しているかを見ると、2019年のデータではほとんどの人が10%以下です。これには驚きます。

アメリカ人が老後や緊急時などのために
年間収入のどれくらいを貯金に回しているか？

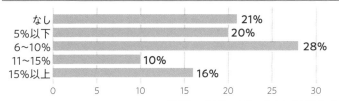

なし	21%
5%以下	20%
6〜10%	28%
11〜15%	10%
15%以上	16%

参照：Bankrate's Financial Security Index, Feb.26-March 3

アメリカ人に聞いた「お金について後悔していること」

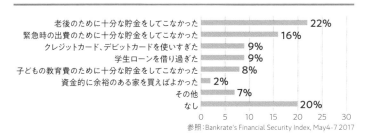

老後のために十分な貯金をしてこなかった	22%
緊急時の出費のために十分な貯金をしてこなかった	16%
クレジットカード、デビットカードを使いすぎた	9%
学生ローンを借り過ぎた	9%
子どもの教育費のために十分な貯金をしてこなかった	8%
資金的に余裕のある家を買えばよかった	2%
その他	7%
なし	20%

参照：Bankrate's Financial Security Index, May4-7 2017

　しかもこのお金を投資に回している人は、ごく一部です。 日本だけではなく、世界中でもっと投資教育をしなければなりません。いまや世界中の国の政府が莫大な借金を抱えていますので、公的年金はこれから大きな問題になると思います。

　ちなみに、アメリカの調査で「お金について後悔していること」を聞いたところ、「老後のお金を十分に貯蓄しなかったこと」を後悔している人が最も多くなっています。

summary
公的年金は頼りにならない。
老後資金は自分でつくるしかない。

最大の無駄遣いは投資をしないこと!!

The biggest wasteful spending is Not Investing!

では、老後資金を確保するにはどうすればいいでしょうか。

答えは簡単。「積立投資をすればいい」のです。

積立投資をしていけば、毎月は小さな金額でも、長い期間で大きな金額を確保することができます。このとき最も大事なのは少しでも早く始めることです。

1000万円（約10万ドル）を貯めるために、「どのくらいの期間」と「どのくらいのリターン」が必要かを見ると、毎月1万円強（100ドル）の積み立てなら、毎年のリターンが約8％でそのリターンを再投資した場合、25年で達成できます。

多くの人が毎月の支出を1万円節約して、それを投資に回すことができると思います。その1万円を投資に回して、リターンが8％になれば、25年で1000万円を確保できるはずです。「そんなリターンは無理に決まっている」と考えるかもしれませんが、もちろん可能です。

アメリカの代表的な株価指数であるS＆P500の過去のデータを見ると、1871年以降の平均成長率は9〜11％程度あります。

つまり、アメリカ株式を「買って持っているだけ」で9〜11％の利回りが過去には得られたのです。

それなら、株価が下がったときに株式を増やして、上がったら売却して利益を確定すれば、もっとお金を確保できるかもしれません。トレンドを見つけて波に乗ることができれば、10〜20％のリターンも夢ではありません。

なかには「投資が嫌いだ」という人も多いと思います。でも、お金は誰でも必要です。この結果を見れば、売買をしなくても株式を買って持っているだけで9〜11％のリターンも可能です。

過度に恐れる必要はないのです。

多くの日本人は、利回りがほぼ０％の銀行預金にお金を預けています。なぜでしょうか。間違いなく、投資の仕方を勉強していないことが理由の一つでしょう。投資の方法がわからないので、チャレンジしたとしても失敗して、「二度と投資したくない」と考えてしまいます。

日本人は投資をしなくても、周りの人も投資していないので安心しています。それでは、社会的に失敗しているといえます。

一番大きな無駄遣いは投資をしていないことです。

私のYouTubeのチャンネルで投資の方法を公開しているので、ぜひ動画も参考にしてください。

S&P500の年平均成長率

From	To	No Inflation	With Inflation
1871	2019	9.04%	6.82%
1891	2019	9.49%	6.53%
1911	2019	9.94%	6.61%
1931	2019	10.51%	7.00%
1951	2019	10.78%	7.13%
1971	2019	10.46%	6.32%
1991	2019	9.73%	7.31%
2011	2019	14.65%	12.93%

出典：THE MONEY WIZARD

summary
**毎月1万円の積立投資なら
誰でも25年で1000万円が用意できる。**

おわりに

　投資の神様ともいわれるウォーレン・バフェット氏は私が尊敬する投資家の一人です。バフェット氏は数多くの教訓を与えてくれますが、その中の一つに次の言葉があります。

「複利は世界の8番目の驚異。複利を理解する人はそれを得るが、理解しない人それを払う」

　複利とは、利益が利益を生み出す効果のこと。たとえば、100万円を運用して５％のリターンが確保できた場合、１年間の利益は５万円です。

　翌年は元本を105万円にして運用ができることになります。そして再び、５％のリターンで運用ができれば、２年目の利益は105万円×５％で５万2500円となります。これを10年続ければ1000万円が約1553万円まで増えるのです。

　リターンが変わらないにもかかわらず、実際に得られる利益は増えています。これが複利効果です。そして、運用期間が長くなるほど複利効果は高まっていきます。

　だからこそ、複利効果を十分に享受するためには、できるだけ早く投資を始める必要があるのです。

　本書を参考にしてあなたも早くスタートラインに立ってください。そうすれば、一歩ずつお金持ちに近づくことができるでしょう。

　そのときに大切なのは、失敗を恐れないことです。本書で繰り返し述べてきましたが、日本には失敗を許さない風潮があります。それは、とても残念なことです。

　投資で一度も失敗しないことは不可能です。私自身もウォール街で働いているときに大きな損失を出したことがあります。大きな損失を出してしまったのは、自分の失敗をなかなか認めること

ができなかったからです（37ページ参照）。

　私のメンターは「お金持ちになるためには、失敗の仕方をマスターするんだ」と教えてくれました。小さな失敗であれば、ダメージは小さいですし、失敗から学んだ教訓を次の投資に生かせば、失敗は取り戻すことができます。

　ぜひあなたも上手に失敗する方法をマスターしてください。

　最後になりましたが、本書は多くの人の協力・応援をいただいて出版することができました。今回の企画を実現してくださったかんき出版編集部の庄子錬さん、執筆を手伝ってくださったライターの向山勇さんに感謝します。また、原稿をチェックしてアドバイスをしてくれた Zeppy 代表取締役社長／ CEO で投資家仲間の井村俊哉さんに感謝します。

　本書に対するアドバイスを含め、長年にわたって温かい支援とご協力をいただいた A ご夫妻、ボストンに住んでいたときに毎週通っていたボストン日本語学校の皆さまにもこの場を借りて御礼申し上げます。

　そして規律、倫理、努力、勤勉などさまざまなことを教えてくれた両親にも深く感謝します。父は幼い私に投資の手ほどきをしてくれました。また母親はほとんど海外育ちの私に対して、一生懸命日本語を教えてくれました。これほど素晴らしくてガッツがある母親はなかなかいないと思っています。

　Last but not least, ウォール街や東南アジアで私に大切なことを教えてくれた先輩方、一緒に鍛え合い励まし合った仲間、日本とアメリカの新旧の友人、私の YouTube や SNS をフォローしてくださっている方々、そして、この本を読んでくださったあなたに、Thanks a lot! 心からありがとう！

高橋ダン

お金持ちになるための「投資ロードマップ」

　本書では「お金を増やすにはどんな投資をすればいいか」ということを紹介してきましたが、ここで改めて、投資を始めるためのロードマップをまとめておきます。

　最初にすべきは、自分の毎月の支出を整理すること。①住居費（家賃、住宅ローンなど）、②自分や家族のための費用（生活費、教育費など）、③その他、の３つに分けます。このうち、①と②は必要な支出ですので、③の中からできるだけ多くの金額を投資に回してください。

　投資できる金額が決まったら、長期投資と短期投資に資金を分けます。長期投資で安定的な収益を狙いつつ、短期投資で高いリターンを狙い、全体的な投資リターンの底上げをするためです。

　配分はあなたの投資経験や性格によって変わります。投資経験がある人やリスクに強い性格の人は短期投資が多めでもいいでしょう。いずれにせよ、目安としては長期投資７〜９割、短期投資１〜３割です。

　次に長期投資の資金を３つのカテゴリーに分類します。①株式、社債、不動産（４〜６割）、②国債、現金（１〜３割）、③コモディティ（２〜４割）です。この比率も範囲を設けていますので、あなたの投資経験や性格によって調整してください。

　それぞれのカテゴリーで投資する先はすべて ETF で対応できます。投資信託でも対応できますが、ETF がおすすめです。具体的なおすすめ商品は72 〜 79ページで紹介しましたので、参考にしてください。ただし紹介したのは一例ですから、あなた自身でも探してベストだと思うものを選んでください。

　投資する ETF が決まったら、毎月１回、購入していきます。忘れないようにカレンダーに予定を入れておくといいでしょう。ETF は自動積立がしにくいので、手動で注文します。相場が動

いていない週末に注文する予定を入れておくのがおすすめです。

　短期投資の部分は、ある程度の経験が必要になります。大事なのは相場の波に乗ることです。一度に大きな利益を目指すのではなく、小さな利益を積み重ねることを目標にしましょう。また、短期投資にはチャートを分析する知識が必要です。本書でもいくつか紹介しましたが、チャート分析の書籍は数多く発行されていますので、あなた自身でも探してみてください。

　ただし勉強ばかりして実践しなければ、いつまで経っても利益を得ることはできません。ある程度の知識が得られたら、少額で試して、失敗をしながら学んで次の投資に生かしましょう。ポイントは失敗を恐れないことです。

　長期投資のスケジュールを決めて、短期投資の勉強をスタートすれば、あなたもお金持ちの第一歩を踏み出したことになります。これがスタートラインです。投資で成果を得るには、時間を味方につける必要があります。一日も早くスタートラインに立ってください！

巻末付録：お金持ちになるための「投資ロードマップ」

1　支出を3つに分ける　　　　　　　　　　　　　　　→ P62

2　投資資金を長期投資と短期投資に分ける　　　→ P63

3　長期投資の資産配分を決める　　　　　　　　　→ P64

4　長期投資で購入するETFを選ぶ　　　　　　　　→ P72〜79

5　月1回の注文スケジュールを決める　　　　　　→ P203

6　短期投資を学び、少額で試す　　　　　　　　　→ P90〜106

【著者紹介】

高橋 ダン（たかはし・だん）

●──東京生まれ、日本国籍。10歳までの多くを日本で過ごす。その後アメリカに移り、12歳で投資を始める。21歳のときにコーネル大学をMagna Cum Laude（優秀な成績を収めた卒業生に与えられる称号）で卒業。

●──ニューヨークのウォール街で19〜20歳のときにサマーインターンとして働く。その後 21歳でフルタイム勤務を開始し、投資銀行業務、取引に従事する。26歳でヘッジファンド会社を共同設立し、30歳で自身の株を売却。その後シンガポールに移住。これまで約60カ国を旅し、2019年秋に東京に帰国。

●──2020年1月にYouTubeでの動画投稿を本格始動し、わずか3カ月でチャンネル登録者数が10万人を超える。同年8月現在、日本語のメインチャンネルが20万人、英語チャンネルが4万人。 納豆と筋トレをこよなく愛する。

【執筆協力】

向山 勇（むこうやま・いさむ）

●──フリーライター。マネー誌編集長を経て、2004年に独立。 現在は、雑誌『PRESIDENT』など多数の媒体で活躍するほか、経営、金融、投資に関する書籍制作に携わる。

世　界　か　ね　も　じっせん　かね　ふ　かた
せかい　　かねも　　じっせん　　かね　ふ　かた
世界のお金持ちが実践する お金の増やし方

2020年 9月14日　　第1刷発行
2021年 4月 5日　　第8刷発行

著　者──高橋　ダン
発行者──齊藤　龍男
発行所──株式会社かんき出版
　　　　東京都千代田区麹町4-1-4 西脇ビル　〒102-0083
　　　　電話　営業部：03(3262)8011(代)　編集部：03(3262)8012(代)
　　　　FAX　03(3234)4421　　　　　　振替　00100-2-62304
　　　　https://www.kanki-pub.co.jp/
印刷所──ベクトル印刷株式会社